내 말은 왜
통하지 않을까

상대를 움직이는 힘 있는 설명의 기술

내말은왜 통하지 않을까

내가 쉽게 설명하는 비법을 알려줄게!

상대를 움직이는 힘 있는 설명의 기술

📖 동양북스

차 례

:

PART 1 당신이 설명을 못하는 3가지 이유

PART 2 알아듣기 쉬운 설명의 3가지 조건

PART 3   알아듣기 쉬운 설명을 위한 3가지 방법

"눈이 확 떠지는 설명이었습니다!"

"내용은 말할 것도 없고 설명하는 방식도 배울 점이 많았어요. 강연이 끝나는 마지막 순간까지도 집중력이 흐트러지지 않았습니다."

"지금껏 들었던 강의 중 '베스트 3'에 꼽을 만한 명강연이었습니다. 머릿속 지식으로만 남는 게 아니라 쉽게 실천으로 옮길 수 있다는 점에서는 단연 최고의 강연이었고요. 정말 귀한 시간이었습니다."

실제로 내 강연을 들은 수강생들이 전한 후기다.

나는 5년 가까이 '어떻게 하면 알아듣기 쉽게 설명할 수 있을까'를 주제로 세미나·연수·강연 등 각종 교육 프로그램을 진행하며 다양한 환경에서, 다양한 청중 앞에서 '설명 잘하는 법'을 '설명하는' 일로 밥벌이를 하고 있다.

그간 일본 최북단 섬인 홋카이도(北海道)부터 일본 최남단에 자리한 규슈(九州)와 오키나와(沖縄)에 이르기까지 전국을 누비고 다닌 덕에 4년간 누적 참석자만도 5,000명을 넘어섰고, 매회 만석을 기록하고 있다. 사실 글 첫머리에 인용한 수강 소감은 이들 참석자 대다수가 공통적으로 전한 평가이기도 하다.

'설명 잘하는 법'을 익히기 전에 선행해야 할 '사고 정리법'을 소개한 졸저『토요타에서 배운 종이 한 장으로 요약하는 기술』도 20만 부를 돌파한 베스트셀러에 올랐으며, 5개국으로 수출되어 좋은 반응을 얻고 있다.

이런 큰 성과를 달성하긴 했지만 내가 처음부터 비즈니스 커뮤니케이션이나 설명에 능했던 건 결코 아니다. 잘하기는커녕 오히려 그 반대였기에 오랫동안 콤플렉스에 시달

려야 했다.

어렸을 때는 낯가림이 심해 늘 부모님 뒤에 숨어 있어야 했고, 여러 사람 앞에서 발표하는 수업 시간에는 좀체 말문이 열리지 않아 모기 소리처럼 기어들어가는 목소리로 겨우 입을 떼야 했다.

문제의 심각성을 깨달은 건 취업을 준비할 때였다.

서류 전형은 용케 통과하더라도 막상 면접이 닥치면 하고 싶은 말을 제대로 전달하지 못해 연이어 불합격의 고배를 마셔야 했다. 이른바 '취업 빙하기'까지 겹쳐 20군데가 넘는 회사로부터 낙방 통보를 받고 힘들어하던 시절이었다.

응시한 회사에 모두 낙방한 뒤 우산도 없이 비를 맞으며 침통한 마음으로 빗속을 걷던 기억이 아직도 생생하다. 지금도 '절망'이라는 단어를 보면 참담했던 당시 심정이며 빗소리며, 이까지 딱딱 부딪힐 정도로 추운 날씨에 배회하던 기억이 절로 떠오른다.

그러던 중 우연찮게 '어떤 간단한 동작'을 실천한 것이

인생의 전환점이 되었다. '그 동작'을 반복 훈련하면서 '설명 잘하는 사람'으로 거듭난 것이다. 막막하기만 했던 면접도 거뜬하게 통과해 당시 대학생들 사이에서 '선망의 기업 1위'로 꼽히던 토요타에 입사하는 쾌거를 거두었다.

'설명 좀 한다'는 토요타맨들과 함께 호흡하다 보니 '알아듣기 쉬운 설명'의 본질이 제대로 보이기 시작했다. 탄탄한 '설명력'이 뒷받침된 업무 처리 능력을 인정받아 담당 분야에서 만큼은 일본에서 가장 유능하다는 평판까지 얻게 되었다.

토요타를 떠난 후에도 '그 간단한 동작'을 부단히 반복한 결과 직장인 교육 분야에서 일본 제일이라는 평가를 받고 있던 비즈니스 스쿨인 글로비스로 이직할 수 있었고, 지금은 1인 기업으로 독립해 '알아듣기 쉬운 설명'을 주제로 한 연수·강연 등을 진행하며 직접 교육에 나서고 있다. 어디 그뿐인가. 출판 기회까지 주어져 '경제경영 분야 판매 1위'라는 영광도 차지하게 됐다.

개인적인 공적을 과시하려는 의도에서 하는 말이 결코 아니다. '알아듣기 쉽게 설명하는 법'을 체득한 것만으로도 '취직, 이직, 창업'이라는 커리어의 세 단계에서 모두 '일본 1위'라는 위업을 달성할 수 있었음을 보여 주고 싶었을 뿐이다.

설명에 영 자신이 없어 입을 열기가 두려웠던 시절은 이제 과거사가 됐다. 하지만, 그렇게 고군분투하던 시절이 있었기에 어떻게 하면 알아듣기 쉽게 설명할 수 있을지를 누구보다 진지하게 고민할 수 있었다.

이 질문에 대한 답을 구하려 하지 않았다면 비즈니스 커뮤니케이션을 독자적인 관점에서 관찰하고 익히거나 터득하는 계기도 놓치고 말았을 것이다. 더군다나 그 비결을 가르치는 일은 꿈도 못 꿨을 것이다.

설명하는 일이 어렵기만 했던 내가 설명의 고수가 될 수 있었던 이유는 과연 무엇일까?

그리고 '그 간단한 동작'은 대체 무엇이었을까? 지금부터 그 비결을 간단명료하게 '설명하려고' 한다.

이 책을 읽고 나서 여러분도 나름의 설명법을 체득하고 이를 자유자재로 '써먹을' 수 있게 된다면 그보다 기쁜 일은 없을 것이다.

아사다 스구루

PART
1

당신이
설명을
못하는
3가지 이유

당신이
설명을 못하는
첫 번째 이유

'동작(動作)'이 아닌
'동사(動詞)'를
쓰기 때문이다

'동사(動詞)'와 '동작(動作)'은 다르다

"어떻게 하면 알아듣기 쉽게 설명할 수 있을까?"

이 질문에 대한 답을 찾으려면 먼저 '나는 왜 설명을 못하는 걸까?'라는 질문을 스스로에게 던지고 그 이유를 정확히 짚고 넘어가야 한다. 그 원인을 캐기 시작하면 아마 끝이 없을 테니, 여기서는 여러분이 설명을 잘 못하는 대표적인 이유를 3가지로 간추려 소개해 본다.

그 전에 다음 질문에 먼저 답해 보자.

'동사'와 '동작'의 차이는 무엇일까?

여러분은 두 단어의 차이를 명확하게 설명할 수 있는가? 사실 이 두 단어의 의미 차이를 아느냐 모르느냐가 '알아듣기 쉬운 설명'의 첫 번째 관건이다. 물론 정해진 답은 없다. 어디까지나 개인적인 해석이지만 나는 '동사'와 '동

작'의 의미를 다음과 같이 구별한다.

- **동사**(動詞) – 어떻게 실천하면 되는지 단번에 알 수 **없는** 말
- **동작**(動作) – 어떻게 실천하면 되는지 단번에 알 수 **있는** 말

가령 시중에 나와 있는 경제경영서 대다수는 '일을 할 때는 목적을 항상 의식하는 것이 중요하다'라는 메시지를 공통적으로 전달하고 있다. 경제경영 관련 도서에 관심이 많은 독자라면 아마 익히 알고 있을 것이다.

여기서 한 가지 더 질문해 보자. 그럼 어떻게 해야 '목적을 의식할' 수 있을까? 여러분 나름대로 답을 생각해 본 후 다음 페이지로 넘어가 보자.

Thinking Time!

여러분은 어떻게 답할 것인가? 여러 가지 방법이 가능하지만 내가 생각하는 방법을 한 문장으로 나타내자면 다음과 같다.

목적을 적어 두고 반복해서 읽는다.

이처럼 어떤 메시지를 전달할 때는 상대방이 행동으로 옮길 수 있는가, 실천할 수 있는가, 습관화할 수 있는가를 최우선으로 염두에 두어야 한다. 특정 '동작'으로 옮길 수 있는지 아닌지가 중요하다는 말이다. '설명 잘하는 법'을 주제로 교육을 진행할 때 이 질문에 대한 답을 나름대로 설명해 보라고 테스트를 해 보면 약 80퍼센트의 수강생이 '동작'을 이끌어 내는 답을 내놓지 못한다. 대부분은 '먼저 전략을 세우고…'라든가 '목적? 그건 비전이나 미션을 설명할 때 말하는…', 또는 '그러니까 KPI(주요성과지표)대로…' 등 명확하지 않은 동사 위주의 표현을 써서 설명하곤 한다. 경제경영서에나 나올 법한 용어를 가져와 전문적인 분위기만 연출하려 드니 실제로 말하고 싶은 것이 무엇인지 상대방은 알 길이 없다.

　이 테스트가 끝나면 나는 곧바로 다음 질문을 던진다. "상대방의 설명을 듣고 나서 '그렇게 하면 목적을 의식할 수 있겠구나'라고 생각한 분 계십니까?" 그러면 태반이 답하길 주저한다. 그럴 때마다 나는 동사 표현으로 얼버무리는 '동사형 인간'이 많다는 점을 실감하게 된다.

비즈니스 세계는
동사가 80퍼센트를 차지한다?

'의식한다'라는 동사 표현으로는 대체 어떻게 해야 목적을 의식할 수 있다는 건지 정확히 알 수 없다. 행동을 나타내는 동사 '-한다'가 쓰인 걸로 봐선 언뜻 실행으로 옮길 수 있을 것 같지만, 실제로는 구체적인 생각을 이끌어 내거나 실질적인 행동을 제시하지 못한다는 게 바로 동사의 특징이다. 그런데도 업무를 볼 때 하루에도 몇 번이고 이처럼 모호한 동사 표현과 마주치는 게 현실이다.

　지금껏 세미나에 참석한 수많은 사람들에게 자주 들었

던 동사 표현을 한번 살펴보자.

- 고객의 시선에서 생각하자!
- 상대방의 입장에 서서 생각하자!
- 상대방에게 관심을 갖는 것부터 시작하자!
- 인식을 재고시키고 사람들에게 알리는 것을 중시하라!
- 업무에 임할 때는 우선순위를 매겨라!
- 고민을 거듭하며 철저히 몰두하라!
- 주인의식과 위기감을 가져야 주체성을 확립할 수 있다!

어떤가? '상대방의 입장에 서서 생각하자', '인식을 재고시키자', '우선순위를 매겨라'… 등등 모두 상대방에게서 실질적인 행동을 이끌어 내지 못하는 동사 표현으로 나타낸 문장이다. 정확한 통계를 내본 건 아니지만 아마 업무 커뮤니케이션 중 약 80퍼센트는 이 같은 동사가 차지할 것이라는 게 내 생각이다.

당신도 '동사형 인간'일지 모른다

이렇게 동사 표현을 남발하며 설명하는 경향을 당연시하다 보니 '동사를 쓰면 명쾌하게 설명하기 어렵다'는 점을 미처 깨닫지 못하는 사람들도 많다.

어느 저명 인사의 강연회에 참석했을 때의 일이다. 강연자는 줄곧 '상대에게 관심을 기울이고, 상대의 입장에 서서 일하는' 것이 중요하다고 설파했다. 그런데 강연자는 강연이 끝나는 순간까지 어떻게 해야 상대방에게 관심을 기울일 수 있는지, 상대방의 입장에 서려면 어떻게 해야 하는지 상대방의 실천을 이끌어 내는 '구체적인 동작'에 대해서는 단 한마디도 언급하지 않았다. 강연자부터 자신의 설명이 얼마나 설득력이 없는지 자각하지 못하는 동사형 인간이 아닐까 싶을 정도였다. 그런데도 강연은 대성황을 이루었고, '정말 감동적인 강연이었습니다', '내일부터 곧바로 업무에 활용해 보겠습니다' 등 호평도 끊이지 않았다. 참석자들 역시 강연자의 모호한 설명만으로는 일하는 방식이 전혀 바뀔 리가 없다는 사실을 자각하지 못한 것이다.

동사 표현을 쓸 때 생기는 3가지 문제

이처럼 동사와 동작의 차이를 인식하지 못한 채 업무 전반에서 동사 표현을 쓰는 경향이 만연하다 보니 다음과 같은 문제가 생긴다.

- 비즈니스 커뮤니케이션이 주로 동사 표현으로 이루어진다.
- 각종 경제경영서, 비즈니스 세미나 및 강연에서도 동사 표현으로 얼버무리는 경우가 많다.
- 비즈니스 현장에 실행력이 없는 '동사형 인간'이 늘어나고 있다.

'동사형 인간'이 어떤 사람을 가리키는지 감이 오는가? 이제 다시 앞서 말한 '목적을 의식한다'는 문구를 내가 어떤 동작 표현으로 바꾸어 썼는지 기억을 되살려 보자.

목적을 종이에 적어 두고 반복해서 읽는다.

너무 단순한가? 하지만 단순하기 때문에 누구나 실천

가능하다. 구체적으로 실천할 수 있다는 점이 바로 동작 표현의 최대 미덕이다. 누구나 행동으로 옮길 수 있을 만큼 간단하고 단순한 표현을 구사하는 것, 이것이 설명을 잘하기 위한 첫 번째 길이다.

주목받는 직원이 되는 방법

동작 표현을 어떻게 실천으로 옮길 수 있는지 '회사의 새해 경영방침'을 예로 들어 좀 더 자세히 살펴보자.

매년 새해 경영방침을 발표하는 기업이 많을 것이다. 만약 여러분이 새해를 맞아 상사 또는 선배로서 부하 직원에게 '올해도 목적(경영방침을 달성하는 것)을 좀 더 의식하면서 업무에 임해 주길 바란다'는 메시지를 전달하고 싶다면 어떻게 해야 할까?

문자 그대로 '목적을 좀 더 의식하면서 업무에 임하세요!'라고 말할 생각이라면 차라리 아무 말도 안 하는 게 낫다. 간단하게 앞서 말한 동작 표현을 써서 전달하면 어떨까? '목적을 쓴 종이'에 '새로운 경영방침을 쓴 종이'를 대입하기만 하면 된다. 가령 나라면 다음과 같이 조언할 것이다.

"한 사람 몫을 제대로 해내고 싶다면 늘 목적을 의식하면서 일할 수 있어야 합니다. 그럼 목적을 의식하려면 어떻게 해야 할까요? 올 초에 새로운 경영방침이 정리된 종이를 받았을 텐데 지금도 갖고 있나요? 설마 벌써 잃어버리진 않았겠죠? 분명 책상 서랍 어딘가에 잠들어 있을 테니 그걸 서류 파일에 항상 넣어 다니세요. 그리고 회의가 없을 때 틈틈이, 그리고 이동 중에 짬짬이 단 30초만이라도 좋으니까 종이를 몇 번이고 반복해서 들여다보도록 하세요. 기억력이 안 좋은 사람이라 하더라도 그렇게 4월, 5월, 6월… 몇 달간 계속하다 보면 경영방침이 어느새 머릿속에 자리를 잡을 겁니다. 내용을 숙지해 두면 회의 때 경영방침에 어긋나는 얘기가 나오거나 다른 방향으로 결론이 나더라도 퍼뜩 알아차릴 수 있을 거예요. 그때 여러분이 방침과 다른 지점을 지적해서 회의의 진행 방향을 바로잡으면 순식간에 주목받는 직원이 될 겁니다. 간단한 일이라고 안이하게 생각하지 말고 찬찬히 살펴보길 바랍니다."

의식한다 = 종이를 반복해서
읽어 본다

경영방침

이것이야말로 목적을 의식하며 일하는 자세가 아닐까?

'목적을 의식한다'는 문구를 그저 '알고 있는' 데에 그치지

않고 실제로 행동으로 옮길 수 있게 하려면 이처럼 단순한

동작 표현으로 바꾸어 설명하면 된다. 일을 잘하고 못하고

는 이처럼 간단한 실천에 달린 문제다. 하지만 이를 자각하

고 있는 사람은 그다지 많지 않다. 여러분은 어떤가?

무책임한 설명은 안 하느니만 못하다

동사형 인간은 '목적을 의식한다'는 메시지를 '전략', '비

전', '책무' 등 추상적인 표현을 써서 설명하기 때문에 정

작 구체적인 실천을 이끌어 내지는 못한다. 여러분 주변에

도 동사형 인간이 있는가? 나는 지금껏 이런 동사형 인간을 수없이 봐 왔다. 그들을 지켜보며 알게 된 사실은, 동사형 인간은 대체로 '동작'의 가치를 폄하한다는 점이다.

그들은 걸핏하면 자신을 지적인 사람으로 포장하려 한다. 이를테면 '비저너리(visionary)', '제로베이스(zero-base)', '포지셔닝(positioning)' 등 경제경영서에 나올 법한 용어들은 자주 쓰면서도 지적인 분위기에 걸맞지 않은 단순한 표현, 즉 구체적인 동작 표현을 즐겨 쓰는 사람은 아예 상대도 하지 않으려 한다.

내 강연을 들은 수강생 중에서 자신이 '동사형 인간'이라는 사실을 새삼 깨닫는 경우가 많다. 일례로 강연을 할 때 '동사 표현을 써서 지시를 내리면 오히려 그 사람에게 도움이 된다'고 반문하는 사람이 꼭 있다. 상사가 부하 직원에게 "이것 좀 정리해 둬"라고 동사를 써서 지시를 내리면 직원이 '어떻게 정리할 것인지'를 구체적으로 생각할 수 있다는 게 그 이유였다. 이 말을 듣고 나는 다음과 같이 대답했다.

"맞는 말씀입니다. 상대방이 역량을 기를 수 있도록 일부러 동사로 표현할 수도 있지요. 단, 한 가지 조건이 있습니다. 여러분이 상대방 입장이라면 동사로 표현한 지시 내용을 듣고 곧장 구체적인 행동으로 옮길 수 있겠느냐는 겁니다. 예를 들어 "이것 좀 정리해 둬"라고 지시를 내리는 경우라면 최소한 '나라면 이렇게 정리해야지'라고 머릿속에 이미 그 대답을 생각해 두고 있어야 한다는 말이지요. 스스로도 대답을 내놓지 못하면서 상대에게 모든 걸 일임한다면 상대방은 교육의 일환으로 생각하지 않을 겁니다. 서로 간의 신뢰만 해칠 뿐이죠."

설명을 못하는 이유는 바로 '동사' 때문이다

지금까지 동사와 동작이 어떻게 다른지 길게 설명했지만, 사실 전하고 싶은 메시지는 매우 간단하다. 여러분이 설명을 못하는 이유는 '알아듣기 쉽게 설명하는 방법'을 배운 적이 없기 때문이다. 설령 배운 적이 있다 하더라도 그 방법이 동사 위주의 설명에 그치고 있기 때문이다. 여러분이 접한 '설명 잘하는 법'조차 구체적인 실천을 이끌어 내지 못하는 동사 위주의 설명으로 일관해 온 것이다.

여러분이 설명을 못한다면 대체로 동사 표현을 쓰고 있을 가능성이 높다. 그렇다면 상대방이 여러분의 설명을 듣고 곧장 행동으로 옮기지 못하는 것도 당연하다. '동사'와 '동작', 단 한 글자 차이지만 그 작은 차이가 낳는 결과는 엄청나게 다르다.

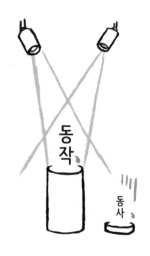

당신이
설명을 못하는
두 번째 이유

....

'개수'가 너무
많기 때문이다

아는 것과 실천하는 것은 별개다

기업에 출강해 교육을 진행할 때 종종 다음과 같은 질문을
던진다.

　"5W1H(육하원칙)이 뭔지 말해 보시겠습니까?"

　여러분도 한번 답해 보라.

내 말은 왜 통하지 않을까

5W1H을 막힘없이 나열할 수 있는가? 아니라면 그 이유는 뭘까? 학창 시절부터 익히 들어 분명 알고는 있을 텐데 말이다. 직장에서 업무를 수행할 때 요긴하게 활용하는 기본 원칙으로 알고 있는 사람도 많을 것이다. 그런데 막상 열거해 보라고 하면 의외로 어려워하는 이들이 많다. 반면 5W1H를 제대로 답한 사람들에게는 이어서 다음 질문을 던진다.

"6가지를 단숨에 말할 수 있었나요?"

모두 답하는 데 걸리는 시간을 따져 보면 대략 3초 이내일 텐데, "아뇨, 그렇게는…" 하고 얼버무리는 사람이 대부분이다. 강연 때 이 테스트를 해 보면 "음, 먼저…" 하면서 손가락을 하나씩 접어 가며 천천히 헤아리거나 종이에 적어 가며 말하는 경우가 많다. "Who, When, Where, Why, What, How"라고 즉각 답하는 사람은 거의 없다. 그러면 나는 마지막 질문을 던진다.

"그렇다면 여러분은 5W1H이라는 표현을 얼마나 자주 쓰고 계십니까?"

이렇게 차례대로 질문을 던지다 보면 대다수가 평소에

5W1H를 그다지 쓰지 않는다는 사실을 깨닫게 된다. 왜 사람들은 5W1H를 술술 말하지 못하는 걸까? 이 질문에 답하기에 앞서 잠깐 다른 이야기를 해 보자.

스티븐 코비의 베스트셀러인 『성공하는 사람들의 7가지 습관』(리더십 권위자인 스티븐 코비 박사가 쓴 자기계발서로, 전 세계적으로 1,500만 부 이상 판매된 경제경영 분야 베스트셀러)은 다들 한 번쯤 들어본 적이 있을 것이다. 이 책에는 성공에 필요한 7가지 습관이 다음과 같이 제시되어 있다.

- **습관 1 −** 자신의 삶을 주도하라

- **습관 2 −** 끝을 생각하며 시작하라

- **습관 3 −** 소중한 것을 먼저 하라

- **습관 4 −** Win–Win을 생각하라

- **습관 5 −** 먼저 이해하고 다음에 이해시켜라

- **습관 6 −** 시너지를 내라

- **습관 7 −** 끊임없이 쇄신하라

내 말은 왜 통하지 않을까

너무 유명한 책이라 읽어 본 적이 있느냐고 물으면 많은 사람들이 번쩍 손을 든다. 그런데 곧이어 "『성공하는 사람들의 7가지 습관』이 뭔지 말할 수 있는 분 계십니까?"라고 물으면 손을 들었던 수강생 대부분이 슬며시 손을 내린다.

내가 진행하는 교육 프로그램은 누구나 알 만한 대기업에서 실시될 때가 많고, 이른바 '뛰어난 비즈니스맨'이라 불리는 사람도 다수 참여하고 있다. 그럼에도『성공하는 사람들의 7가지 습관』이라는 책은 읽어 봤어도 7가지를 전부 기억하고 있는 사람은 거의 없다. 참고로 지금껏 수천 명에게 똑같은 질문을 던졌지만 실제로 7가지 전부 열거한 사람은 단 한 명에 불과했다.

왜 알고 있는 정보도 써먹지 못할까?

5W1H와 '7가지 습관' 사례가 일깨우는 메시지는 같다. 바로 대다수 비즈니스맨은 업무에 유용하고 필수적인 정보를 '들어 본 적은 있지만 활용은커녕 기억도 하지 못

한다'는 사실이다. 지금까지 수많은 전문가가 강연이나 관련 서적을 통해 5W1H나 '7가지 습관'의 중요성을 설파했을 것이다. 그런데도 메시지가 제대로 전달되지 못한 이유는 무엇일까? 곰곰이 생각해 본 결과 그 답은 황당할 정도로 간단했다.

'개수'가 너무 많기 때문이다.

그간 수많은 수강생을 대상으로 교육을 진행하며 절감했던 건 설명하는 사람이나 설명을 듣는 사람 모두 '개수'를 경시한다는 점이었다. 그러다 보니 설명하면서 점점 더 항목을 추가하거나 개수가 늘어도 괜찮다고 넘어가는, 이른바 '과잉형 인간'이 양산되고 만 것이다. 설명하는 사람 입장에서 말하면 '정보량이 넘쳐 설명할 때 전달력이 떨어진다'는 뜻이고, 설명을 듣는 사람 입장에서 말하면 '다량의 정보를 빠짐없이 기억하려 하다 보니 쉽게 실천으로 이어지지 않는다'는 뜻이다.

여러분은 어떤가? 어쩌면 본인도 모르는 사이에 '과잉형 인간'이 된 건 아닐까?

기억력이 나쁜 사람을 위한 기억법

앞서 말한 대로 나는 원래 소통 기술이 형편없었다. 암기 실력도 바닥이었다. 나이가 들고부터는 기억력까지 빠르게 감퇴하고 있다.

학창 시절에 '빈출 문제 100개를 기억할 수 있으면 그 과목은 식은 죽 먹기다'라거나 '50가지 문제 유형을 암기하면 만사 OK'라고 말씀하시는 선생님은 도무지 정이 안 갔다. 빠짐없이 통째로 외우는 속칭 '통암기'가 나한텐 전혀 맞지 않는다는 걸 알았기 때문이다. 애초에 외워지질 않는데 어떻게 기억해 내란 말인가. 그렇게 토로하면 '계속 노력해라', '근성이 있어야지', '그럼 포기하든지' 등 하등 도움이 안 되는 답만 돌아오기 일쑤라 어찌할 줄을 몰랐다. 그렇게 한동안 답보 상태에 머물러 있다가 결국, 달리 생각하기로 마음을 고쳐먹었다. 뭐든 내가 감당할 수 있는 개수인 3가지로 추리자고 사고방식을 바꾼 것이다.

가령 5W1H는 6가지 항목을 낱낱이 암기하기보다 자주 들어 익숙한 3가지 항목인 'Who(누가), When(언제),

Where(어디서)'만 외워 두었다. 3가지라면 남다른 기억력을 가지고 있지 않더라도 부담 없이 외울 수 있고 실천할 수 있기 때문이다. 이 3가지가 머릿속에 자리를 잡은 후에는 나머지 3가지인 'Why(왜), What(무엇을), How(어떻게)'로 사고하는 습관도 차차 단련시켰다.

이를 적용한 구체적인 사고법은 3부에서 자세히 설명하기로 하고, 여기서는 3가지를 초과하는 정보는 한 번에 욱여넣지 않는 '탈(脫)과잉 인간'이라는 개념만 알아 두자.

필요한 정보만 골라내라

'탈과잉 인간'은 '7가지'라는 말만 봐도 두 손을 든다. 제아무리 유명한 저자의 책이라 할지라도 정보량이 지나치게 많다면 취사선택하지 않는 한 기억해 낼 재간이 없고, 제아무리 훌륭한 조언도 머리에 남지 않으면 일상에 적용할 리 만무하다. '지나치게 많은 정보는 머릿속에 욱여넣지 않는다'라는 원칙을 갖고 있는 사람은 '7가지 습관'을 기억하는 방식도 남다르다.

이들은 먼저 '7가지'를 '3가지'로 추릴 수 있을지 따져 본다. 정보가 지나치게 많다면 각자 나름의 기준을 세워 일단 3가지로 간추려 보자. 이를테면 '7가지 습관'은 다음과 같이 3가지 유형으로 나눌 수 있다.

| 유형 1 |

- **습관 1** – 자신의 삶을 주도하라
- **습관 2** – 끝을 생각하며 시작하라
- **습관 3** – 소중한 것을 먼저 하라

| 유형 2 |

- **습관 4** – Win – Win을 생각하라
- **습관 5** – 먼저 이해하고 다음에 이해시켜라
- **습관 6** – 시너지를 내라

| 유형 3 |

- **습관 7** – 끊임없이 쇄신하라

사실 『성공하는 사람들의 7가지 습관』에서도 7가지 항목을 이처럼 3가지로 분류해 제시하고 있다. 여러분이 '탈과잉 인간'이라면 목차를 보자마자 ① '사적 성공', ② '공적 성공', ③ '신재생'이라는 3가지 키워드로 분류되어 있다는 것을 이내 파악할 수 있을 것이다. 즉 유사성을 기준으로 '사적 성공', '공적 성공', '신재생'이라는 3가지 개념으로 묶어 기억하는 것이다. 내 경우, '사적 성공', '공적 성공', '신재생'이라는 말이 단번에 와 닿지 않아 암기하기 쉽도록 다음처럼 다른 말로 바꾸어 머릿속에 넣어 두었다.

① '자신이 성공'하기 위한 습관
② '모두가 성공'하기 위한 습관
③ 이상의 습관을 생활화하기 위한 '자기 투자' 습관

이렇게 유형을 나누어 기억하면 누가 내용을 묻더라도 다음과 같이 술술 설명할 수 있다.

내 말은 왜 통하지 않을까

　"『성공하는 사람들의 7가지 습관』에는 인생에서 성공하기 위한 습관이 제시돼 있는데, 대략 3가지로 나눌 수 있습니다. 첫 번째는 자신이 성공하기 위한 습관, 두 번째는 모두가 성공하기 위한 습관, 그리고 세 번째는 앞서 이야기한 두 가지 습관을 생활화할 수 있게 해 주는 자기 투자 습관입니다."

　이 정도로도 충분하지만 더 세부적으로 알려 주고 싶다면, "여기서 '자신이 성공하기 위한 습관'이 무엇인가 하면, 구체적으로 3가지가 있는데…"처럼 '3가지'라는 원칙을 일관되게 적용하면서 설명을 심화할 수도 있다.

이런 사고방식을 습관화하면 궁극적으로 7가지를 모두 기억해 내고 설명하는 것도 가능해진다. 단, 그 비결은 '3가지'로 줄이는 것이다. 여러분도 당장 실천해 보라.

주변에 '과잉형 인간'이 있는가?

'정보를 3가지로 제한한다'는 말을 좀 더 정확하게 표현하면 '정보를 재구성한다'는 말이나 다름없다. 예전에 한 세미나에서 강사가 이런 말을 한 적이 있다.

"비즈니스 세계에서 5W1H로는 부족하다. 적어도 6W3H는 필요하다."

6W3H는 5W1H에 'Whom(누구에게)', 'How many(얼마나)', 'How much(어느 정도)'를 추가한 표현인데, 5W1H도 벅찬데 6W3H가 귀에 들어올 리가 없다. 같은 '과잉' 정보가 실천을 강조하는 교육계에서도 여전히 위세를 떨치고 있는 것이 현실이다.

여러분 주변에도 이런 사람이 적지 않을 것이다. 한 번에 5가지 이상, 아니 10가지 이상 지시를 내리는 상사, 핵심이 몇 가지인지 밝히지 않고 줄줄 설명부터 늘어놓는 부하 직원, '핵심은 3가지입니다'라고 말하면서도 실제로는 이 항목, 저 항목 덧붙이다가 핵심을 점점 벗어나는 발표자… 등등.

이들의 설명을 이해할 수 없었다면 결코 여러분의 잘못이 아니다. '과잉' 정보를 늘어놓는 상대방 탓이다. 그러니 자책하거나 자신감을 잃을 필요가 전혀 없다. 다만 '3가지'로 설명하는 기술을 갖춘 사람이 우리 주변에 그다지 많지 않다는 사실은 분명히 알아 둘 필요가 있다.

3가지로 정보를 재구성하는 능력은 필수적이다. 그 구체적인 방법은 3부에서 더 자세히 살펴보자.

당신이
설명을 못하는
세 번째 이유

·······

'정보를 빠짐없이
전달하려고'
하기 때문이다

어디까지 설명해야 될까?

이번에도 다음 질문에 먼저 답해 보자.

'자동차의 기능' 하면 뭐가 떠오르는가?

각자 나름의 답이 떠올랐다면 이제 다음 페이지로 넘어가 보자.

나와 같은 자동차 업계 출신이라면 누구든 위 질문을 보자마자 '달린다, 방향을 바꾼다, 멈춘다'라고 대답할 것이다. 차를 달리게 하는 동력 장치(엔진), 방향을 바꿀 수 있도록 동력을 제어해 주는 조타 장치(핸들), 차를 멈출 수 있도록 제어하는 제동 장치(브레이크)를 갖추고 있으면 자동차라고 할 수 있다. 하지만 이 3가지가 전부는 아니다. '운반한다'나 전기를 '담아 둔다', IoT(Internet of Things: '사물인터넷'이라는 의미로 사물에 부착된 센서를 통해 인터넷으로 사물-사람, 사물-사물 간 정보 공유를 가능하게 하는 정보 기술)라는 관점에서 '연결한다'는 기능도 자동차를 정의하는 말들이다. 이처럼 자동차의 기능은 이외에도 다양하다.

내가 제시한 '달린다, 방향을 바꾼다, 멈춘다'가 자동차의 기능을 '빠짐없이 전부 설명한' 건 아니다. 자동차의 기능을 다 망라한 건 아니지만 이 3가지 기능이 대표적인 데다 누구나 쉽게 이해할 수 있기 때문이다. 사실 이 3가지는 업계에서도 '자동차의 3가지 기본 기능'으로 자리 잡은 지 오래다.

하고 싶은 말이 정리되지 않는 진짜 이유

이 사례를 통해 알 수 있는 개념이 바로 '망라성'과 '대표성'이다. 설명을 못하는 사람은 대체로 대표성이 아닌 망라성을 우선순위에 놓기 때문에 설명에 체계가 없고 전달력도 떨어진다.

예를 들어 좀 더 자세히 살펴보자. 여러분이 판매직에 종사하는 독자라면 종이 한 장에다 판매하는 상품이나 서비스의 특징을 써 보라. 가능한 한 많이 나열해 본다. 다 썼다면 이제 빨간색 펜을 들고 스스로에게 묻는다.

'이 중에서 3대 특징을 고르라면 뭘 꼽아야 할까?'

해당하는 것에 동그라미를 치고 나서 그 외에 다른 특징이 떠오른다면 여백에 그 단어를 추가로 써 둔다. 최종적으로 '이 제품과 서비스의 특징은 다음 3가지입니다'라고 말할 수 있을 만큼 추렸다면 나머지는 모두 버려도 좋다.

세미나에서 이 테스트를 해 보면 "6가지는 안 됩니까?", "다 중요해서 3가지로 줄이긴 어렵겠는데요"라고 말하는 사람들이 종종 있다. 이들을 면밀히 관찰하고 대화를 나눠 보면, 사람들이 설명을 못하는 이유는 바로 '정보를 버릴 수 없기 때문'이라는 점을 알 수 있다. 그리고 이들이 정보를 버릴 수 없는 가장 큰 이유는 '대표성'이 아닌 '망라성'으로만 사고하는 습관 때문이다.

정보를 '버리는 용기'가 필요하다

여러분도 혹시 이런 고정관념을 가지고 있지 않은가?

'제한된 개수로 모든 정보를 담기에는 역부족이다.'

'이 정도면 충분해'라거나 '어차피 다 기억도 안 날 테니 딱 3가지만 기억하자'라고 현실과 타협하는 유연성을 얼마나 발휘하고 있는가.

앞서 말한 자동차의 3가지 기능(달린다, 방향을 바꾼다, 멈춘다)도 모든 정보를 빠짐없이 담고 있는 건 아니다. 하지만 어느 정도 대표성을 띠는 핵심적인 기능임은 분명하다. 이 핵심만 머릿속에 넣어 두자는 게 바로 '대표성'의 사고방식이다.

지나치게 많은 개수로 설명하려는 경향이 있는 '과잉

형 인간'이라면 당연히 3가지로 추리는 게 쉽지 않다. 대표성에 대한 감각이 없는 '망라형 인간'이기 때문이다. 망라하는 성향이 강한 사람일수록 '3가지만 고를 순 없어, 아직 이걸로는 부족한데 어떻게 설명해'라고 되뇌며 고민한다.

단적으로 설명하는 데에 능숙한 사람은 애초에 그런 고민을 하지 않는다. 개수가 많아도 어차피 잊어버리면 그만이라는 걸 알기 때문이다. 모든 걸 망라하는 설명은 자기만족을 위한 것이지 상대방을 위한 것이 아니다. '이 3가지면 된다'는 말에 지레 겁먹을 필요가 없다. '망라성'과 '대표성'이라는 대조적인 두 개념을 알고 있어도 '설명을 못하는 사람'이라는 오명을 벗을 수 있다.

알아듣기 쉽게 설명하려면 망라성보다 대표성이 우선해야 한다. 그러려면 큰 틀을 파악한 후 세부 사항을 우선 3가지로 요약한다. 말이 쉽지 실제로 해 보면 쉬운 일이 아니라고 생각하는 독자가 분명 있을 것이다. 이들을 위해 자세한 방법은 3부에서 다시 다룰 예정이다.

일단은 줄여라

망라성에 얽매이는 사람들은 쓸데없는 정보를 버리는 것도 죄라고 생각하는 경향이 있다. 하지만 정보 홍수 시대인 지금, 물밀듯 쏟아지는 정보를 제대로 활용하려면 쓸데없는 정보는 과감히 버릴 수 있어야 한다.

과잉 정보는 '장롱 속에 보관해 둔 옷'과 비슷하다. 옷을 아무리 많이 갖고 있더라도 어차피 입는 사람은 나 하나다. 옷은 입었을 때야말로 의미를 갖는다. 옷을 제대로 활용하고 싶다면 활용도가 높은 적당량의 옷만으로도 충분하다는 말이다. 정보도 마찬가지다. '써먹을' 수 있어야 비로소 의미가 있다. 그리고 써먹을 수 있으려면 적당한 양으

로 줄여야 한다. 그 열쇠가 바로 망라성을 버리는 데에 있다.

나 역시 이를 실감한 적이 있다. 그때는 3가지도 아닌 '단 한 가지'로 줄인 경우였다. 꿈을 실현시키는 방법에 관한 오디오 강의를 듣던 때였다. 6개월짜리 프로그램이라 정보량은 상당했지만 지적 호기심을 충족시켜 주는 재미가 쏠쏠해서 강의를 들을 때만 해도 '꼭 머릿속에 담아 두고 실천해 봐야지'라는 마음이 절로 들 정도였다. 그로부터 십수 년이 지난 지금, 강의 내용은 거의 잊어버렸지만 한 가지 메시지는 아직도 내 머릿속에 뚜렷이 새겨져 있다.

오늘날까지 변함없이 실천하고 있는 그 한 가지는 바로

'당장 할 수 있는 일부터 한다'이다. 실현시키고 싶은 바람이나 달성하고 싶은 목표가 있다면 지금 당장 가능한 것부터 묵묵히 해 나가라는 말이다. 물론 전체 프로그램을 망라한 메시지는 아니지만, 프로그램을 대표하는 메시지 중 하나인 건 분명하다. 나는 그 메시지에 따라 한 가지에 중점을 두고 당장 실천할 수 있는 것부터 차곡차곡 쌓아 나갔다.

가령 책을 출판하는 것이 꿈이라면 일단 원고부터 쓴 뒤 적합한 출판사를 찾아보거나 책을 출판한 경험이 있는 사람의 조언을 듣는다. 그 꿈을 당장 실현시킬 수는 없을지라도 꿈을 이루기 위해 '지금 바로 할 수 있는' 일부터 차차 해 나가는 것이다. 책을 쓰는 것이 꿈이었던 내 경우, '지금 당장 할 수 있는 일'은 매일매일 꾸준히 블로그나 온라인 매거진에 글을 쓰는 것이었다. 기획서를 들고 당장 출판사에 찾아가는 등의 무리수는 피하되, 너무 동떨어지지도 직접적이지도 않은 나름의 방식대로 꿈에 한 발짝씩 다가간 끝에 마침내 출판이라는 바람을 실현한 것이다.

이 꿈을 이룰 수 있었던 데는 '지금 바로 할 수 있는 일을 한다'는 메시지를 좌우명으로 삼아 실천을 게을리 하지 않은 덕이 컸다. 방대한 정보의 홍수 속에서 갈피를 잡지 못하고 일단 양껏 취하고 보는 것이 아니라, 그 중에서도 대표적인 정보만 가려내고 나머지는 과감히 버리는 결단이 필요하다. 다만 선택한 한 가지만큼은 꾸준히 '써먹는' 것이다.

그렇게 염원하던 책을 낸 걸로도 만족스러운데 20만 부가 판매된 베스트셀러로 등극했으니 망라성을 과감히 버려도 전혀 문제가 되지 않는다는 걸 입증해 보인 셈이다. 오디오 강의 내용을 모두 암기하는 데 에너지를 쏟았다면 이런 결과를 얻지 못했을 터다. 망라성에 얽매여 '내용을 빠짐없이 알고 있는가'에 집착하기보다 대표성의 미덕을 깨닫고 '실천할 수 있는가'를 우선에 두면 여러분의 목표도 반드시 이루어질 것이다.

PART
2

알아듣기
쉬운
설명의
3가지 조건

'안다'는 건 무엇일까?

1부에서는 설명을 못하는 이유로 다음과 같이 3가지 요인을 꼽았다.

- **동사형 인간** – 동작으로 표현하지 않는다

- **과잉형 인간** – 개수를 늘린다

- **망라형 인간** – 빠짐없이 모두 설명하려 한다

자신이 어느 유형에 속하는지 파악했다면 이제 이 문제에 어떻게 대처하면 되는지, 즉 알아듣기 쉽게 설명하려면 어떻게 하면 되는지 실마리를 얻은 셈이다. 구체적으로 어떻게 실천하면 될지 자세한 방법을 살펴보기 전에, 이번에도 다음 질문에 먼저 답해 보고 다음으로 넘어가 보자.

'안다'는 건 무엇일까?"

생각 중...

어떤가? 분명 여러분 중 대다수는 대답을 얼버무릴 것이다. '안다'라는 말의 의미를 사실은 잘 '알지 못하고' 있기 때문이다. '안다'는 게 무슨 뜻인지도 모르는데 '알아듣기 쉬운 설명'이 어떻게 가능할까. 비즈니스에 종사하는 사람이라면 다들 비슷한 생각이겠지만 정작 이를 문제로 인식하고 있는 사람은 많지 않은 듯하다.

니시바야시 가쓰히코가 쓴 『아는 척』은 내가 좋아하는 책 중 하나다. 이 책을 읽다 보면 많은 사람들이 당연하게 여기면서도 놓치고 있는 한 가지 사실을 알 수 있다. 바로 '안다는 것'에는 한계가 없다는 점이다. 가령 한 권의 책을 다 읽고 나면 어느 정도 '안다'는 느낌이 든다. 그런데 3개월 뒤에 그 책을 다시 펼쳐 보면 독서가 한층 더 깊이를 더해가면서 문득 '안다'고 생각했던 건 '아는 척'에 지나지 않았다는 것을 깨닫는다.

이렇듯 '안다'는 건 훗날 돌이켜 보면 대체로 '아는 척'에 지나지 않기에 '안다'는 건 '전부 이해했다'는 말과 결코 같을 수 없다. 독서를 거듭할수록 이전 독서 때는 '알지

못했던' 것들을 뒤늦게 깨닫게 되는 경우가 많다. '안다'는
건 결국 끝없는 지적 여정인 것이다.

몰라도 '아는 체' 하라

'안다'는 말의 진정한 의미를 잘 모르는데도 우리는 평소
'알기 쉽다', '알기 어렵다'라는 말을 자주 쓴다. 앞서 말한
대로 '안다'는 건 '아는 척'에 지나지 않지만, 그래도 우리
는 날마다 우리가 '아는 것'을 기준으로 선택하고 결단하
고 행동하며 업무를 처리한다.

사실 상대방이 알아듣기 쉽게 설명한다는 것은 부족한 지식을 끝없이 충족시켜 주는 것이 아니라 '아는 척'에 가깝게 만드는 것이다. 오해는 말라. 이는 상대방을 기만하거나 속인다는 의미가 아니라 '안다는 것'에 한계가 없는 이상 어느 지점에서는 상대방이 아는 체 할 수 있을 정도까지만 설명에 선을 그어야 한다는 말이다. 그러려면 설명하는 사람이 설명의 범위를 제한할 수 있어야 한다.

알아듣기 쉬운 설명의 3가지 조건

알아듣기 쉽게 설명하려면 어떤 조건이 필요할까? 열거하자면 끝이 없을 테니 여기서는 1부에서 배운 방법을 적용하여 대표성을 지닌 3가지 키워드로 간추려 본다.

첫 번째는 '3가지'다. 우리는 보통 '한두 가지'만 주어져서는 '안다'는 느낌을 얻지 못한다고 생각한다. 한두 개로 끝날 리가 없다고 생각하는 것이다. 하지만 1부에서 강조한 것처럼 이상적인 개수는 딱 3가지다. 3가지를 열거하고 나면 이 정도로 충분하다는 심리가 작용해 설명을 종결하기가 쉬운 반면, 4가지를 넘어가면 끝을 예상하기가 어렵다는 반대 심리가 작동하기 때문이다. 3가지로 개수를 줄이는 구체적인 방법은 3부에서 상세히 살펴보도록 하자.

두 번째는 '틀'이다. 틀이란 사고 정리법이나 커뮤니케이션 분야에서 축적된 경험과 연구를 통해 확립된 '패턴'을 말한다. 즉, 특정 틀에 맞춰서 설명하면 상대방도 웬만해선 '이제 알겠다'고 수긍하게 된다. 일례로 우리는 3대 욕구, 3대 요리, 3대 축제 등 이른바 '3대 ○○'라는 표현을 자주 듣는다. 빈칸 ○○에 해당하는 주제에서 주축이 되는 3가지를 내세우는 구조로, 사실 이는 1부에서 언급한 '대표성'을 달리 표현한 말이기도 하다. 이 틀에 들어맞으면 어느 정도 대표성을 지녔다고 보면 된다. 틀을 이용하면 상대방이 알아듣기 쉽게 설명하기가 수월하다. 자세한 유형에 대해서는 3부에서 살펴보도록 하자.

세 번째는 '동작'이다. 1부에서 다뤘으니 더는 설명할 필요가 없을 것이다. 시중에 '이렇게 하면 알아듣기 쉽게 설명할 수 있습니다', '이렇게 말하면 전달력을 극대화할 수 있습니다'라고 광고하는 자기계발서가 많은데, 대부분이 동사 위주의 설명이라 독자의 실천을 이끌어 내지 못하고 있다. 구체적인 실천법은 독자에게 떠맡기는 셈인 것이다. 동사 위주의 설명으로 일관하는 책이더라도 독자가 나름의 해석을 통해 소신 있게 실천한다면 문제가 안 될 테지만, 그렇지 않은 독자라면 책을 아무리 열심히 읽어도 쉽게 실천으로 옮길 수 있으리라고 기대하긴 어렵다.

애초에 실천으로 옮길 수 있는 구체적인 방법을 찾기 위해 책을 참고하는 것인데, 모호한 동사 표현이 대부분이라면 과연 얼마나 유익할지 의문이다.

지금까지 살펴본 3가지 조건을 정리하면 다음과 같다.

① '3가지'로 개수 줄이기(탈과잉)
② '틀'에 맞추기(탈망라)
③ '동작'으로 표현하기(탈동사)

각 조건을 적용하는 방법은 3부에서 자세히 살펴보고,

여기서는 먼저 '알아듣기 쉬운 설명'의 기본 틀을 동작 표현으로 소개한다.

설명은 3단계로 하라

앞에서 '안다'는 것이 무엇인지 설명한 바 있는데, 이번에는 '설명'이 무엇인지부터 명확히 짚고 넘어가자.

내가 진행하는 교육 프로그램에서는 일명 'One page-sheet works(한 장이면 충분하다)'라는 비즈니스 기술을 체득하기 위한 '동작'을 체계적으로 가르치는데, 이 기술은 다음과 같은 3단계로 이루어진다.

① 1단계 - 정보를 정리한다
② 2단계 - 생각을 정리한다
③ 3단계 - 전달한다

방대한 정보 중에서 매우 기본적인 정보만 정리하여 3가지로 줄인 후, 대표성을 보여 주는 틀을 바탕으로 생각을 정리한다. 이 사고 정리 단계가 끝난 뒤 마지막으로 상대방에게 전달하는 3단계를 차근차근 밟아 나가면 양질의 설명을 할 수 있다.

어수선한 정보를 정리하는 방법

우선 '정보를 정리한다' 단계를 실천 가능한 구체적인 동작으로 나타내 보자. 정보는 머릿속에서 어지럽게 뒤엉켜 있을 때가 많다. 책상 위에 가득 쌓인 서류나 방에 어질러져 있는 옷 등 눈에 훤히 보이는 대상과는 달리 눈에 보이지 않는 정보는 어디서부터 손을 대면 좋을지 알기 어렵다. 또렷하게 눈에 보이는 물건들도 제대로 정돈하지 못해 골치를 썩이는 사람이 많은데, 눈에 보이지 않는 정보를 체계적으로 정리할 때 부딪히는 어려움이야 오죽할까. 그런 만큼 머릿속에 어지럽게 널려 있는 비가시적인 정보들을 가시적인 정보로 '시각화'할 필요가 있다.

정보를 시각화하라

머릿속에 흩어져 있는 정보를 어떻게 하면 시각화할 수 있을까? 1부에서 설명한 '동작' 개념을 떠올려 보자. '동작'은 '누구나 행동으로 옮길 수 있을 만큼 간단한 표현'을 말한다고 강조했다. '시각화'는 가령 다음과 같은 단순한 동작 표현으로 나타낼 수 있다.

종이에 쓴다

물론 이처럼 막연하게 종이에 적어 두는 것으로는 부족하다. 내가 제안하는 방법은 다음과 같다.

종이 한 장에

프레임(네모칸)을 그리고

주제를 정해서 채워 넣는다.

이 방법은 한 장의 종이를 엑셀(Microsoft Excel) 프로그램처럼 활용한다는 의미에서 일명 '엑셀1'이라고 부른다. 정보를 효율적으로 정리할 수 있게 해 주는 틀인 '엑셀1'은 다음과 같은 순서로 활용할 수 있다.

❶ 종이에 초록색 펜으로 약 8~32개의 네모난 프레임을 그린다 (가령 16 프레임이라면 네모 안에 상하좌우로 선을 긋고, 각 네모 안에 한 번 더 선을 긋는다).

❷ 왼쪽 상단 네모칸에 초록색 펜으로 날짜와 주제를 써 넣는다. 날짜는 반드시 써 넣어야 나중에 검색하기가 쉽다.

❸ 머릿속에 흩어져 있는 각각의 정보를 파란색 펜으로 나머지 네모칸에 하나씩 써 넣는다(한 칸에 한 가지 정보만 써 넣는 것을 원칙으로 한다). (p.69 참고)

대체로 이 3단계를 따르면 된다. 여기서 관건은 누구나 바로 행동으로 옮길 수 있도록 '동작'으로 표현해 설명하는 것이다. 가령, 『토요타에서 배운 '종이 한 장'으로 요약하는 기술』을 읽고 난 감상을 정리한다고 하자.

'엑셀1' 작성하기

1

종이를 한 장 준비해 초록색 펜으로 상하좌우 선을 그어 네모칸을 만들고, 그 네모칸 안에 한 번 더 선을 긋는다.

2

20××.4.× 토요타에서 배운 '종이 한 장'으로 요약하는 기술			

왼쪽 상단 네모칸에 초록색 펜으로 날짜와 주제를 쓴다.

3

20××.4.× 토요타에서 배운 '종이 한 장'으로 요약하는 기술	엑셀1	주제	야근을 줄인다
사고 정리	로직3	등산 지도	보고 생각한다
보여준다	동사와 동작	우선순위를 매긴다	
가리킨다	프레임	질문을 반복한다	

나머지 네모칸에 파란색 펜으로 각각의 정보를 써 넣는다.

8 프레임

32 프레임

※ 정보량에 따라 네모칸의 개수도 변경 가능하다.

69

'엑셀1'을 그린 후 인상적인 키워드나 문구 등을 떠올리며 네모칸에 하나씩 써 넣어 본다. 모든 칸을 채울 필요는 없지만 적어도 8 프레임 이상, 즉 절반은 채우는 것을 목표로 한다. 반대로 15 프레임 이상이 필요하다면 가로선을 네 개 더 그어 32 프레임을 만든다. 여기에 선을 4개 더 그으면 64 프레임도 가능하지만 그렇게 늘리다 보면 정리할 정보량도 그에 비례해 늘어나게 된다. 정보를 효율적으로 정리하는 방법을 연습하는 게 목적이니 망라성에 매몰되어 개수를 늘리는 데 급급해선 안 된다.

프레임을 완성했다면 '정보를 정리한다'는 동사 표현을 '동작'으로 옮긴 셈이다. 너무 간단해서 이걸로 정리가 된 건지 미심쩍어하는 독자가 있을지도 모르겠다. 그래도 실제로 해 보면 머릿속에서 뒤엉켜 있던 정보들이 체계를 이루는 과정을 실감할 수 있을 것이다. 네모칸마다 정보가 기입된 전체 프레임을 보고 있으면 '의외로 책 내용이 간단하네'라든지 '나한테 필요한 정보는 이것뿐이구나'라는 식으로 지금까지 미처 깨닫지 못했던 점이 눈에 보이게 된다. 파편화돼 있던 정보들이 간단하게 시각화된 것이다.

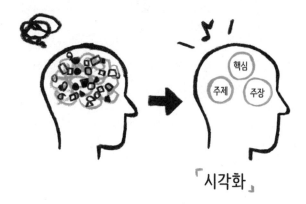

「시각화」

　앞서 나는 구직 활동을 하던 중 '어떤 간단한 동작'을 실행한 뒤부터 '설명을 잘하게 되었다'고 언급했는데, 그때 실천한 간단한 동작이 바로 '종이에 써서 시각화한다'는 것이었다.

　구체적으로 말하면 나는 당시 고(故) 스기무라 다로의 『절대 내정』 워크시트에 사흘 밤낮에 걸쳐 내 삶을 써 내려갔다. 워크시트는 '프레임'이 그려진 '종이 한 장'에 '주제'에 따른 내용을 기입하는 형태였다. 구조만 보면 '엑셀1'과 완전히 똑같았다. 시각화하는 '동작'을 반복한 결과, 나 자신에 대한 정보들이 체계적으로 정리되면서 나에 대해 미처 몰랐던 부분들을 조금씩 인식하기 시작했다. 자기 분석이 점점 깊이를 더해 가면서 나중에는 나 자신이 어떤 사람인지 간단명료하게 정의 내릴 수 있게 되었고, 면접관이 어떤 질문을 던지더라도 척척 대답해 낼 수 있는 '설명 잘하는' 사람으로 바뀌었다.

'엑셀1' 작성이라는 단순한 행위 그 자체보다 그 단순한 행동이 가져오는 극적인 변화에 초점을 둔다면 사소해 보이는 동작에 잠재된 가치에도 눈뜨게 될 것이다.

'종이 한 장'으로 요약하라

이쯤 되면 '왜 군이 프레임에 써 넣어야 하는 건가요?'라고 의문을 갖는 사람도 있을 것이다. '엑셀1'은 언뜻 보면 단순한 표에 지나지 않지만, 메모 같은 여타 기록 방식과 결정적으로 다른 특징이 하나 있다. 바로 '일람성(一覽性)'이다.

회의 때 메모를 하다 보면 몇 장으로 금세 늘어나는 경우가 대부분이다. 그렇게 내용이 장황해지면 한눈에 전체를 파악하기도 어려워진다. 아무리 긴 회의나 세미나라 하더라도 '엑셀1'에 정리해 두면 한눈에 알아볼 수 있다. 이처럼 한눈에 전체를 파악하게 해 주는 '일람성'은 정보를 정리하는 단계에서 특히나 중요하다. 세부가 아닌 전체를 마주할 때 대상을 냉정하게 바라보고 객관적으로 판단할 수 있기 때문이다.

업무 중인 직원을 불러내 말할 일이 있을 때도 무작정 얘기를 꺼내는 것이 아니라 '중요한 이야기가 있는데 10분 정도 시간을 내 줄 수 있는지' 등으로 물으며 전체 업무 시간을 기준으로 할애해야 할 시간을 미리 알려 준다면 상대방도 마음 편히 귀를 기울일 수 있다. 또 산더미처럼 쌓여 있는 업무량에 압도되면 여러 가지 일을 처리해야 된다는 초조감과 불안감이 생기겠지만, '오늘 중으로 끝낼 일은 3가지'라는 식으로 '전체'라는 기준을 두고 목표를 세우면 마음이 차분해진다.

정보도 마찬가지다. 너무 적어도 불안하지만 지나치게 많으면 오히려 혼란스럽고 처리할 일도 막막하게 느껴진다. 그럴 때 '엑셀1'을 작성해 전체를 한눈에 조망하고 나면 '당장 처리할 정보는 이것 뿐'이라고 냉정하게 판단할 수 있다.

'단판 승부'에 모든 걸 걸지 말라

강연이 끝날 때쯤 으레 "오늘 배운 내용을 '엑셀1'에 정리해 보세요"라고 수강생들에게 요청할 때가 있다. 그럴 때마다 정리가 잘 되지 않는다고 난감해하는 사람들이 있는데, 이런 사람들은 대개 내 한마디 한마디를 놓치지 않고 모두써 넣으려 한다. 전체를 빠짐없이 담아야 한다고 생각하는 것이다.

전체를 파악하는 것이 중요하다고 강조했지만, 여기서 '전체'란 '모든 정보'를 말하는 것이 아니라 '자기 역량에 맞게 줄인 정보량'을 말한다. 물론 일부 내용이 누락될 수도 있다. 주관적인 생각이 들어가도 상관없다. '누락 없이',

내 말은 왜 통하지 않을까

'주관을 배제하고 객관적으로'라는 문구가 경제경영서에 자주 등장하긴 하지만 이는 애초에 불가능한 말이다. 그보다는 자신이 처한 상황과 조건에 맞게 현실적으로 접근하는 게 더 낫다.

우선 '종이 한 장에 요약하기'를 목표로 세워 보자. 5분이면 충분하다. 이 요약본을 토대로 설명해 본 후 생각처럼 술술 나오지 않는다면 다른 정보로 교체해 한 장 더 요약해 본다. 단번에 승부를 낸다는 생각보다 새로 쓸 때마다 질을 점차 끌어올린다는 생각으로 작성해야 한다. 그러면 한 번 쓸 때마다 느끼는 부담감을 최소화할 수 있다.

불필요한 정보는 과감하게 쳐내라

정보를 한눈에 볼 수 있게 종이 한 장에 요약하는 습관은 인간의 심리를 반영한 훈련이라 할 수 있다. 가령 방을 오랫동안 치우지 않아 엉망이 됐다고 하자. 지저분한 것도 어느 정도라야 치우고 싶은 마음이 든다. 물건이 발 디딜 틈도 없이 널려 있어 쓰레기장처럼 지저분하다면 도무지 엄

두가 나질 않아 치우고 싶은 마음이 싹 가신다.

정보도 마찬가지다. 정보 홍수의 시대에 살면서 우리는 마음만 먹으면 거의 무한대로 정보를 수집할 수 있다. 하지만 정보가 지나치게 많아 흡사 지저분한 방처럼 무질서하게 널려 있다면 정리하고 싶은 마음이 싹 가신다. 정보를 자신이 감당할 수 있는 양만큼 줄이는 것이 중요한 이유다. '종이 한 장'이라는 제약에 따라 필수적인 정보만 간추리고 요약하는 작업은 '정보를 줄이는' 과정으로 볼 수 있다. 일례로 회의의사록을 '엑셀1' 양식에 작성한다면 포함시켜야 할 정보는 모든 발언이 아니라 특히나 중요하다고 판단한, 선별된 정보다. '엑셀1'을 작성하면 정보가 자연스레 줄어들면서 자신이 다룰 수 있는 양만 남는다. 세계적인 베스트셀러 작가로 자리매김한 곤도 마리에의 『인생이 빛나는 정리의 마법』에도 방을 정리하려면 '우선은 버려야 한다'고 조언하고 있다. 정보를 정리할 때도 중요하지 않은 부분은 과감히 버릴 수 있어야 비로소 다음 단계로 나아갈 수 있다.

내 말은 왜 통하지 않을까

반드시 아웃풋하라

그럼에도 과감히 버리는 게 여전히 망설여지는 독자를 위해 한 가지 요령을 전수한다.

방을 잘 어질러 놓는 사람이 있는가 하면 정리 정돈을 잘하는 사람이 있다. 마찬가지로 정보를 양적으로 늘리는 데만 골몰하는 사람이 있는가 하면 쓸모없는 정보는 버리고 쳐내면서 딱 필요한 만큼만 취하는 사람이 있다. 누구나 필요한 정보만 선별할 줄 아는 후자가 되고 싶을 터다. 이 두 유형은 타고난 성격이나 재능에 따라 결정되는 것이 아니다. 다만 정보를 어떻게 체계적으로 정리하면 될지 구체적인 방법을 체득할 기회가 없었기 때문에 변화의 계기를 만들지 못했을 뿐이다. 마음가짐을 바꾸면 누구든 자연스럽게 정리법을 깨칠 수 있다.

내가 말하는 '마음가짐'이란 '아웃풋을 염두에 두고 인풋한다'는 태도다. 예를 들어 수업 시간에 선생님이 "오늘 배운 내용은 시험에 출제되니까 각별히 집중하세요"라고 말했다고 치자. 시험 출제 범위라고 밝히지 않았을 때에 비하면 집중도가 확연히 높아질 수밖에 없다. 선생님의 설명에 더 몰입하게 되면서 결과적으로 수업 내용도 평소보다 뚜렷하게 기억에 남는다. '시험에 나온다'는 말을 듣자마자 무의식 중에 아웃풋을 전제로 인풋하겠다는 마음가짐으로 바뀌었기 때문이다.

내 경우가 그랬다. 영화나 드라마를 워낙 좋아해서 온라인 매거진에 후기를 종종 기고하곤 했는데, 나중에는 아예 기고문을 염두에 두고 영화나 드라마를 보게 되었다. 다른 사람에게 설명할 요량으로 영화나 드라마의 내용을 처음부터 머릿속에 입력해 둔 것이다. 그 덕분인지 최근 본 영화를 화제로 잡담이라도 나눌라치면 '그 영화에서 특히 흥미로웠던 건 ○○ 장면과 ✕✕ 장면인데, 왜냐면 거기서 주인공이…'라는 식으로 막힘없이 술술 설명할 수 있게 됐다. 그럴 때마다 상대방은 "어쩌면 그렇게 설명을 잘하세요?", "기억력이 대단하시네요!"라고 말하며 깜짝 놀란다.

이런 자세는 정보를 정리하는 단계에서 특히 진면목을

발휘한다. 회의나 세미나가 다 끝나고 나서 그제야 '엑셀1'에 정보를 정리하는 것이 아니라 '엑셀1'을 처음부터 작성하는 것이다. 이를테면 회의 도중에도 메모가 아닌 '엑셀1'을 작성하고, 세미나에서도 강사의 말을 들으며 중요하다고 생각한 키워드나 문구 등을 그때그때 '엑셀1'에 써 두는 식이다. 상대방에게 실제로 설명하면서 아웃풋할 필요는 없다. 그저 오늘 배운 내용을 일주일 후 스스로에게 설명하듯 되뇌어 본다는 생각으로 정리해도 충분하다. 이런 습관이 몸에 배이면 정보도 저절로 줄게 돼 있다.

쓸모없다면 버려라

이제 두 번째 단계인 '생각을 정리한다'로 넘어가 보자. '생각을 정리해야 하는' 상황은 특히 직장에서 자주 생긴다. 나도 셀러리맨 시절에는 "이번 미팅에서 논의되는 내용을 잘 정리해 두게"라거나 "내일까지 자네 생각을 나름대로 정리해 오게"라는 식의 지시를 자주 받았다. 갓 입사한 신입 사원 시절에는 그런 지시가 있을 때마다 '정리해 두라니… 말이 쉽지 어떻게 하라는 건지 도통 모르겠네' 하고 내심 당황한 적이 한두 번이 아니었다. 추상적인 동사 표현에 사고가 굳어버리고 만 것이다.

그렇다고 '저, 어떤 방식으로 정리하면 좋을까요?'라고 직접 물어볼 수도 없었다. 상사에게 단도직입적으로 질문하는 것을 꺼리는 조직문화를 당연시했기 때문이다. 하지만 비즈니스 커뮤니케이션을 동사 표현으로 얼버무리는 방식에는 반감이 있었기에 '생각을 정리하려면 구체적으로 어떻게 해야 할까?'라는 질문은 머릿속에 계속 남아 있었다. 지금 소개하려는 방법은 그 시절의 나와 비슷한 고민을 하고 있는 사람들을 위한 초간단 솔루션이다.

'생각을 정리한다' 단계의 구체적인 행동 요령은 아주 간단하다. '정보를 정리한다' 단계에서 불필요한 정보를 쳐내고 남은 15개 중에서 특히 중요하다고 판단한 정보 3가지를 골라 빨간색 펜으로 동그라미 표시를 하면 그만이다. 다른 색 펜을 쓰는 이유는 '두 번째 단계를 밟고 있다'는 것을 의식하기 위해서다. '다른 색 펜으로 표시한다'는 동사 표현인 '의식하다'를 실제 행동으로 옮길 수 있도록 동작으로 구체화한 말이다. 앞서 '엑셀1'에 독서 후기를 요약했던 경우로 돌아가 보자. 정보를 정리하며 써 넣은 키워드들을 읽어 보고 이 중에서도 가장 중요하다고 생각하는 정보 '베스트 3'에 빨간색 펜으로 동그라미를 친다.

이 단계도 실제로 해 봐야 체득할 수 있지 머릿속으로만 정리하려 하면 시간은 시간대로 들이고 정리도 생각만큼 잘 되지 않는다. 하지만 종이에 써 두는 방식으로 정보를 시각화하면 의외로 단숨에 3가지를 골라낼 수 있다. 정

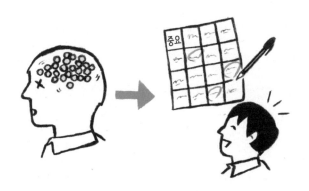

보를 받아들이는 자세도 달라진다. "이 책을 통해 알게 된 것은 크게 3가지입니다. 바로 A와 B와 C입니다"라고 말하는 것만으로도 알아듣기 쉽게 설명할 수 있는 사람이 된 듯한 느낌이 들 것이다.

개수를 3개로 쉽게 줄일 수 없을 때는 프레임을 찬찬히 살펴보면서 '이 정보와 저 정보는 비슷한데', '이 정보와 저 정보는 합쳐도 될 것 같아', '이 정보는 생략해도 상관없겠어' 등으로 생각을 유연하게 전개하면 된다. 도중에 떠오르는 아이디어는 빨간색 펜으로 여백이나 키워드 밑에 써 넣는다. 머릿속에 떠오르는 생각을 눈앞에 있는 종이에 적어 두는 과정을 거치면서 '생각을 정리한다'라는 동사 표현을 차츰 '시각화'하는 것이다. 그런 다음 '내게 필요한 건 A, B, 그리고 C와 D를 합친 C', 이렇게 3가지구나' 하고 정보를 하나의 덩어리로 묶어 개수를 3개로 차차 줄여 나가면 된다.

이 과정도 머리로만 하면 잘되지 않지만 종이에 직접 쓰면서 하면 의외로 쉽게 풀린다. 사실 이 방법은 정보를

'생각을 정리한다' = 빨간색 펜으로 '시각화'한다

중요하다고 생각하는 정보에 빨간색 펜으로 동그라미를 친다.

20××.4.× 토요타에서 배운 '종이 한 장'으로 요약하는 기술	엑셀1	주제	야근을 줄인다
사고 정리	로직3	등산 지도	보고 생각한다
보여준다	동사와 동작	우선순위를 매긴다	What Why How
가리킨다	프레임	질문을 반복한다	실천 서포트 특전

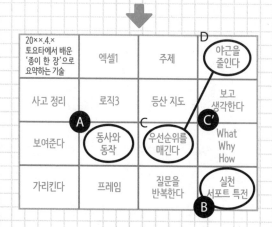

3가지로 줄일 수 없을 때는
나름의 기준에 따라 덩어리로 묶어 개수를 3가지로 점차 줄여 나간다.

"A와 B, 그리고 C'입니다."

판단하고 분류하면서 중요도를 깨달아 가는 고도의 사고 정리법이지만, 막상 해 보면 너무 단순하고 간단해서 놀라는 사람도 많다. 어떻게든 3가지로 줄이기만 하면 나머지는 일사천리다.

'정보를 정리한다' 단계와 '생각을 정리한다' 단계를 각각 구체적인 동작으로 옮길 수 있다면 마지막 단계인 알기 쉽게 전달하기 위한 준비는 끝난 셈이다. 먼저 이 두 단계를 실제로 해 보면서 머릿속에서 뒤죽박죽 맴돌고 있던 어지러운 생각들이 짜임새 있게 정돈되는 과정을 직접 체험해 보라.

취사선택이 어려운 데는 이유가 있다

그런데도 '자기소개'같은 간단한 주제로 이 단계를 직접 해 보라고 하면 '중요하다고 생각하는 정보'에 혼란스러워하는 사람이 의외로 많다. '어떤 기준으로 중요하다고 판단하면 될지 모르겠다'는 게 그 이유다. 여기에는 두 가지 솔

루션이 있다.

첫 번째는 '누구에게 설명할 것인지' 가정해 보는 것이다. 동료든 처음 만나는 사람이든 설명할 상대를 가정하면 '중요하다고 생각하는 3가지'를 고르기가 한결 수월해진다.

'선택할 수 없다', '줄일 수 없다', '결정할 수 없다'고 지레 포기하는 이유는 '의사 결정을 해야 하는 상황에 놓였을 때 회피하는 습관'이 몸에 배여 있기 때문이다. 자기소개 같은 사소한 주제가 주어지면 '고작 사기소개일 뿐인데 설명하고 말게 뭐 있겠어'라고 대수롭지 않게 넘기기 쉬운데, 반대로 '고작'이라고 폄하하는 주제에서조차 3가지를 고르는 게 어렵다면 오히려 심각하게 받아들여야 할 필요가 있다.

애초에 정답은 없다. 일단 과감하게 선택한 뒤 전달해 본다. 통하면 성공이고 아니라고 해도 다른 키워드를 골라 재도전하면 그만이다. 그렇게 차차 나름대로 '대표성'을 찾아내는 것이 중요하다. 그런데도 '3가지로 줄이긴 어렵다'라고 말한다면 사실은 '줄이기 어렵다'가 아니라 '줄이고 싶지 않다'는 바람을 은연 중에 내비친 걸로 봐야 한다. 즉

'틀리고 싶지 않다', '결정하고 싶지 않다', '책임지고 싶지 않다'라는 진심을 스스로 깨닫지 못하고 있는 것뿐이다. 지금껏 만난 수많은 수강생들이 이를 여실히 보여 주었다.

설명이 서투른 사람은 한 가지 특징이 있다. 바로 '단언하지 않는다'라는 점이다. 그런 마음가짐이라면 자신 있게 설명할 수 없고 상대방도 여러분의 설명을 신뢰하지 못한다. '단언하지 않는' 이유도 역시나 '의사 결정을 회피하기 위해서'다. '엑셀1' 작성 훈련을 반복하면서 여러분 내면에도 이런 성향이 잠재돼 있는 건 아닌지 자신의 습관을 객관적으로 파악해 보라.

'알아듣기 쉬운 설명'을 위한 3단계

지금까지 알아듣기 쉽게 설명하기 위한 기본 단계로 '정보를 정리한다'와 '생각을 정리한다'를 상세히 살펴봤다. 이 과정에서 핵심은 머릿속 생각을 '동작'으로 나타내 누구나 쉽게 실천할 수 있도록 '시각화'하는 것이다. 정보가 아무리 복잡하다 할지라도 이 간단한 과정만 거치면 어떤 설명

내 말은 왜 통하지 않을까

도 가능하다.

기업 연수에서 진행하고 있는 '자기소개' 테스트를 예로 들어 보자. 즉석에서 "한 명당 1분 내로 자신을 소개해 보세요"라고 과제를 주면 자기소개가 술술 되지 않아 애를 먹는 사람이 많다.

여러분 한 사람 한 사람은 한 권의 책보다 훨씬 복잡한 정보 덩어리다. 책보다 방대한 '나'라는 정보를 단시간에 알기 쉽게 전달하려면 짜임새를 갖춘 정보가 필요하다. 지금 당장 1분간 자기소개를 해 보라. 가능하다면 실제로 누군가에게 말할 때처럼 소리 내어 말하면 더 좋다. 그리고 어떤 말을 했는지 어떤 말투로 전달했는지 머릿속에 담아 둔다. 그런 다음 '정보를 정리한다'와 '생각을 정리한다' 단계를 실행하며 '전달한다' 단계, 즉 직접 자기소개를 하는 최종 단계를 준비해 보자. 우선은 정보를 다음 순서로 정리해 본다.

❶ 초록색 펜으로 8~32개의 프레임을 그린다(예는 16 프레임).

❷ 초록색 펜으로 왼쪽 상단 프레임에 날짜와 주제(자기소개)를

쓴다.

❸ 파란색 펜으로 각 프레임에 자신에 관한 키워드를 채워 넣는다. 가령 출신지, 연령, 직무, 가족 구성, 취미 등 자신과 관련된 내용이라면 뭐든 좋다. (p.89 참고)

이어서 '생각을 정리한다' 단계에서는 '자기소개에 중요하다고 생각하는 키워드 3가지'를 고르면 끝이다. 빨간색 펜으로 3가지에 동그라미를 치고나면 이 3가지 키워드를 중심으로 '전달한다.' 내 경우라면, 다음과 같이 설명할 수 있을 것이다.

"아사다 스구루라고 합니다. 저를 설명하는 키워드는 3가지입니다. 첫 번째는 '한 장' 업무 스킬로, 말 그대로 '한 장으로 요약하자'라는 취지의 간단한 비즈니스 기술을 일컫는 말입니다. 이를 기업 연수나 강연, 개별 컨설팅 등을 통해 가르치는 일을 하고 있습니다.

두 번째 키워드는 '독서'인데요, 최소 6,000권은 읽은 듯합니다. 장르는 가리지 않는 편이지만 직업상 특히 경제

'엑셀1'을 활용한 자기소개

20××.4.× 자기소개	도쿄 → 전국	태국 출장	25개국 이상 여행
'한 장' 업무 스킬	세미나·강연	매거진 1만 명 이상	역사
토요타	저서 3권	만화화	육아와 일 병행
글로비스	세계 5개국에서 번역 출판	독서 6,000권 이상	이웃집 토토로

경영서를 많이 읽습니다. 그 중 특히 피터 F. 드러커의 책을 좋아하고요.

세 번째 키워드는 '육아'입니다. 지난해 말 아이가 태어나 올해는 육아와 일을 어떻게 병행할지 매일 고민하며 지내고 있습니다. 샐러리맨이 아닌 개인 사업가라 정식 육아 휴직이 없어서 시간 관리를 어떻게 해야 할지 고민하며 시행착오를 거듭하는 중입니다. 이렇게 매일같이 즐기면서 열심히 살고 있습니다. 이상 제 소개를 마칩니다."

어떤가? 3가지뿐이라 1분 내로 설명할 수 있고, 키워드의 '대표성'도 커서 더 알아듣기 쉽게 설명할 수 있다. 참고로, 이 3가지는 각각 '사회인(한 장 업무 스킬)', '개인(독서)', '가족(육아)'라는 관점에서 선별한 것이다.

PART

3

알아듣기
쉬운 설명을
위한
3가지 방법

3가지가 기본이다

지금까지 알아듣기 쉬운 설명의 3가지 조건인 '3가지, 틀, 동작'을 소개하고, 알아듣기 쉬운 설명의 3단계인 '정보를 정리한다', '생각을 정리한다', '전달한다'를 살펴봤다.

3부에서는 이 단계들을 구체적인 사례에 적용해 좀 더 상세히 살펴보려 한다. 특히 '3가지, 틀, 동작' 개념을 실제로 얼마나 유용하게 활용할 수 있는지에 초점을 두고 읽어보면 유익할 것이다.

2부에서는 알아듣기 쉬운 설명의 3단계를 '정보를 정리한다 → 생각을 정리한다 → 전달한다' 순으로 제시했는데, 핵심을 3가지로 줄이는 작업은 대체로 두 번째 단계인 '생각을 정리한다'에서 진행된다. 이 단계에서 생각이 얼마나 체계적으로 정리되느냐에 따라 설명의 질이 달라지고 상대방의 이해도도 달라진다.

3단계 모두 '3가지'를 축으로 해야 한다는 게 내 지론이다. 즉 '3가지 관점'에서 '정보를 정리하고', '3가지 틀'에 들어맞도록 '생각을 정리하며', '3가지 동작'으로 상대방에게 '전달하는' 것이다. '3가지로는 부족하다'고 속단하지 말고 우선은 상대방이 기억하기 쉽도록 '3가지'를 십분 활용할 수 있어야 한다.

이제 각 단계에서 '3가지'를 축으로 삼아 설명하는 방법을 좀 더 구체적으로 살펴보도록 하자.

알아듣기 쉬운 설명을 위한 첫 번째 방법

'3가지 관점'으로 정보를 정리한다

상대방을 쉽게 파악하는 방법

1단계인 '정보를 정리한다'에서는 '종이 한 장이라는 제약을 두고 아웃풋을 전제로 정리하면서 개수를 줄이는' 방법을 활용하라고 설명했다. 여기에 한 가지 요령을 추가하자면 '엑셀1'의 왼쪽 상단에 주제를 써 넣으라는 것이다. 여기서 '주제'란 어떤 정보를 수집해야 할지 방향을 알려주는 '관점'이라 할 수 있다.

사실 '어떤 관점을 취하느냐'에 따라 '정보를 정리한다' 단계의 성패가 좌우된다고 해도 과언이 아니다. 이 '관점'에 '3가지'라는 원칙을 적용한 '3가지 관점'을 기준으로 두면 업무에 유용한 정보만 손쉽게 정리할 수 있다.

3가지 관점으로 보면 전체 윤곽을 대략적이나마 그려볼 수 있다. 처음 접한 대상이라 하더라도 앞, 옆, 위의 모습을 보면 전체 형태를 어림잡을 수 있는 것과 같은 이치다. 한두 가지 관점에서는 보이지 않았던 새로운 면을 발견할

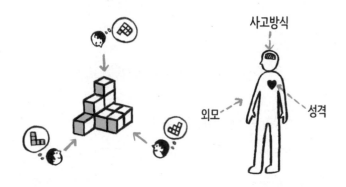

수도 있다. 이를테면 처음 만난 사람도 '외모, 성격, 사고방식'이라는 3가지 관점으로 보면 어떤 인물인지 가늠할 수 있다.

그렇다면 업무를 수행할 때는 '어떤' 3가지 관점으로 정보를 수집해야 할까? 여기서는 응용 범위가 매우 폭넓은, 즉 대표성이 높은 '3가지 관점 베스트 3'를 제시한다.

내 말은 왜 통하지 않을까

3C를 중심으로 정보를 정리한다

첫 번째 유형은 다음 3가지 관점의 조합이다.

① 고객(Customer)

② 자사(Company)

③ 경쟁사(Competitor)

각 영단어의 앞 글자를 따 흔히 3C라고 부르는 이 조합을 각각 문장으로 풀어 쓰면 다음과 같다.

• '고객'은 무엇을 원하는가?

• '자사'는 무엇을 팔고 싶은가?

• '경쟁사'는 무엇으로 매출을 올리고 있는가?

가령 신상품을 기획한다면 참고할 만한 정보부터 수집하는 것이 순서다. '뭐 참신한 기획거리 없을까' 하고 막연하게 접근하면 정보도 좀체 정리되지 않는다. 이럴 때는 정

보를 마구잡이로 수집하는 것이 아니라 3C에 부합하는 정
보부터 정리해 본다.

'일본 1위 웹사이트'는 이렇게 탄생했다

강연 때 여기까지 설명하면 '3C는 친숙한 말인데… 예전에
책에서 읽은 적이 있어'라거나 '연수 때 배운 적이 있는데'
라고 반응하는 사람이 있다. 그런 사람들에게는 다음과 같
은 질문을 던진다.

"실제로 업무를 수행할 때 얼마나 활용하고 있습니까?"

나는 이 3C를 자주 활용한다. 토요타에서 근무하던 때,
자사 웹사이트 개편 프로젝트를 맡은 적이 있다. 우리 팀
은 웹사이트의 문제점은 무엇인지 어디를 어떻게 바꾸어
야 할지 전혀 실마리를 찾지 못하고 허둥대기에 바빴다.
마감일까지 개편안을 마무리짓고 상사와 임원, 관계 부
서를 상대로 프레젠테이션을 진행해야 했기에 꾸물거릴
새가 없었다. 그때 떠올린 것이 '고객(Customer)', '자사
(Company)', '경쟁사(Competitor)'라는 3가지 관점이었

내 말은 왜 통하지 않을까

다. 우리는 먼저 '고객의 소리를 경청하는 것'에서 출발했다. 웹사이트에 설문 창을 띄워 고객이 웹사이트를 어떻게 평가하고 있는지 어떻게 활용하고 있는지 등을 조사했다. 별다른 생각 없이 엉겹결에 설문을 진행한 건 아니었다. 3C라는 관점이 머릿속에 이미 들어 있었던 덕에 이를 구체적인 행동으로 옮길 수 있었던 것이다.

설문 결과 뜻밖의 사실을 알게 됐다. '상품 정보를 찾기 어려웠다', '원하는 정보를 찾기 힘들었다'고 불만을 제기한 고객이 의외로 많았다. 자동차 회사 웹사이트에서 자동차 정보를 찾을 수 없다니 우스갯소리로 들릴지도 모르지만 사실이 그랬다. 당시 웹사이트는 기업 정보가 중심이었고 정작 상품 정보는 다른 사이트로 들어가야 찾아 볼 수 있었다. 고객 입장에서는 회사 웹사이트에 당연히 상품 정보가 나와 있을 거라 예상했을 테고, 거기서 간단하게 상품 정보를 확인할 수 있을 거라 기대했을 것이다. 사실은 마우스를 여러 번 클릭해 다른 사이트로 이동해야 해당 정보에 겨우 접근할 수 있었는데 말이다.

그 다음으로 우리는 관계자에게 '자사 웹사이트에 어떤

정보를 게시하고 싶은가?'를 물었다. 이 역시 3C의 일환으로 진행한 설문이었다. 설문 결과 각 부서의 이해관계가 저마다 다르다 보니 게시를 희망하는 정보도 다르다는 점을 알게 됐다.

우리는 마지막으로 당시 좋은 평판을 얻고 있던 경쟁사 3곳의 웹사이트를 빠짐없이 확인했다. 그 결과 자사 웹사이트는 상대적으로 텍스트 비중이 큰 반면, 사진이나 동영상 게시물이 적다는 단점이 드러났다. 사정이 이렇다 보니 자사 웹사이트에 비해 타사 웹사이트에서 상품 정보를 찾을 수 있는 비율이 압도적으로 높을 수 밖에 없었다.

이 3가지 관점으로 정보를 수집해 종합하고 나니 자사 웹사이트의 문제점도 명확해졌다. 우리 팀은 이들 문제점을 어떻게 보완할 수 있을지 나름대로 해결 방안을 정리해 기획안으로 제출했다.

상사, 관계 부서, 임원진을 앞에 두고 이 같은 현황을 설명하자 대체로 수긍하는 분위기였다. 설명이 끝나자 "정리하느라 수고했네", "설명이 명쾌한데", "관련 부서가 다양한데 합의점을 잘 찾아냈군그래"라며 긍정적으로 평가하는 목소리가 많았다. 3가지 관점을 토대로 정리했을 뿐인데 누가 들어도 이해하기 쉬운 설명이 된 것이다.

우리가 작업한 개편 웹사이트는 당시 '기업 정보 사이트 랭킹'에서 해당 업종(기계·수송용 기구)은 물론, 전 업종을 통틀어 1위를 차지하는 성과를 거두었다. 모든 팀원들이 합심해 일궈 낸 결과였고 나는 그저 일익을 담당한 것에 지나지 않았지만, 3가지 관점에 입각해 정보를 정리하고, 이를 알기 쉽게 전달하기 위해 꾸준히 연마한 덕이 컸다는 점은 분명했다.

일단 쓰고 보자

중요한 건 3C를 알고 있는가 모르는가가 아니라 실제로 활용하고 있는가 업무에 유용한가이다. 3C를 활용하는 방법은 지극히 간단하다. 앞서 소개한 '엑셀1'을 응용하면 된다.

❶ '엑셀1'(32 프레임)을 그린 후, 초록색 펜으로 첫 번째 행에 3C에 관한 질문 3가지와 '정리'(첫 번째 열에는 날짜 기입)를 기입한다.

❷ 파란색 펜으로 각 질문에 관한 정보를 채워 넣는다.

❸ 3가지 관점에서 정리한 정보를 비교하고, 공통점이나 특징이 있다면 빨간색 펜으로 동그라미를 치거나 선으로 연결한다. 정리가 끝나면 '정리' 칸에 빨간색 펜으로 정보를 한 단어로 요약해 주는 키워드를 써 넣는다. (p.106 참고)

'엑셀1' 응용형을 작성하는 게 아직 어렵다면 다음과 같이 각 질문에 대해 '엑셀1'을 하나씩 작성해 비교한다.

❶ '엑셀1'(16 프레임)을 세 장 준비한 후, 초록색 펜으로 주제 칸에 날짜 및 3C에 관한 질문을 각각 기입한다.

❷ 파란색 펜으로 각 질문에 관한 정보를 채워 넣는다.

❸ 3가지 관점에서 정리한 정보를 비교하고, 공통점이나 특징이 있다면 빨간색 펜으로 동그라미를 쳐서 핵심 포인트를 3가지로 압축한다. (p.107 참고)

내 말은 왜 통하지 않을까

이렇게 3가지 관점에서 정보를 정리하다 보면 그냥 지나쳤던 문제나 과제가 드러나게 된다.

참고로, 3C는 다음과 같이 변형할 수도 있다.

- 고객(Customer) → 상대
- 자사(Company) → 자신
- 경쟁사(Competitor) → 사회

이처럼 유연하게 응용할 수 있으려면 3C를 머릿속에 지식으로 담아 두는 것이 아니라 구체적인 실천을 통해 체득하는 과정이 선행돼야 한다.

가령 이직 면접에서 자신의 장점을 설명한다고 하자. 먼저 ①의 관점에서 '이 회사가 원하는 인재상은 무엇인가?'를 생각해 본다. 다음으로 ②의 관점에서 '자신의 장점은 무엇인가?'를 생각해 본다. 마지막으로 ③의 관점에서 '지금 사회가 요구하는 것은 무엇인가?'를 생각해 본다.

'엑셀1'로 3C를 정리한다 ①

고객 20××.4.× 고객 의견	사내 문제	타사와의 비교	정리
상품 정보가 보이지 않는다	메시지가 제각각	상품 정보가 적다	상품 정보 개선
텍스트가 많다	각 부서의 예산 현황	동선이 복잡	이미지 · 동영상 보완
읽기 어렵다	각 부서의 입장차	이미지가 부족하다	운영 구조 재구축
영문이 틀리다	조정자 부재	동영상이 적다	
도중에 끝난다	운영 구조 미정비	SNS 활용이 약하다	
동영상이 적다		FAQ가 없다	
사진이 적다		텍스트가 지나치게 많다	

문제 해결 / 자사 / 경쟁사

※ 한 장으로 요약하는 게 아직 어렵다면 각 질문당 '엑셀1'을 만들어 총 3장을 작성한 후, 각각 개수를 줄여 나간다.

20××.4.× 사내 문제	조정자 부재		
메시지가 제각각	운영 구조 미정비		
각 부서의 예산 상황			
각 부서의 입장차			

20××.4.× 고객 의견	영문이 틀리다		
상품 정보가 보이지 않는다	도중에 끝난다		
텍스트만 가득	동영상이 적다		
읽기 어렵다	사진이 적다		

20××.4.× 타사와 비교	동영상이 적다		
상품 정보가 적다	SNS 활용이 약하다		
동선이 복잡	FAQ가 없다		
이미지가 부족하다	텍스트가 너무 많다		

① ~ ③에 답하기 위해 수집한 정보 중 3가지 주제에 공통으로 포함되는 것이 있다면, 그게 바로 여러분이 가진 가장 큰 장점이라고 할 수 있다. 장점을 2가지 이상 찾았다면 그 중에서 다시 3가지를 고르고 실제 면접에서는 이를 중요한 순서대로 말하면 된다.

어떤 과제가 주어졌을 때 '아무 생각도 안 나는데 어쩌

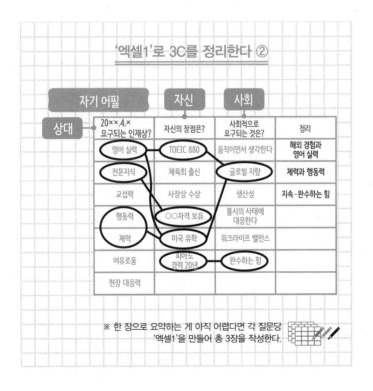

'엑셀1'로 3C를 정리한다 ②

상대	자기 어필 20××.4.× 요구되는 인재상?	자신 자신의 장점은?	사회 사회적으로 요구되는 것은?	정리
	영어 실력	TOEIC 880	움직이면서 생각한다	해외 경험과 영어 실력
	전문지식	체육회 출신	글로벌 지향	체력과 행동력
	교섭력	사장상 수상	생산성	지속·완수하는 힘
	행동력	○○자격 보유	불시의 사태에 대응한다	
	체력	미국 유학	워크라이프 밸런스	
	여유로움	피아노 경력 20년	완수하는 힘	
	현장 대응력			

※ 한 장으로 요약하는 게 아직 어렵다면 각 질문당
'엑셀1'을 만들어 총 3장을 작성한다.

지', '머리가 텅 빈 것 같아' 하고 막막한 기분이 들면 3C 관점에서 차분하게 정보를 정리해 보자. 종이를 눈앞에 두고 손에 펜을 들면 자연스럽게 생각이 떠오를 것이다.

'시간·공간·사람'을 중심으로 정보를 정리한다

두 번째로 살펴볼 유형은 다음과 같다.

① 시간(언제)

② 공간(어디)

③ 사람(누구)

1부에서 언급한 5W1H 중 3가지인 'Who(누가)', 'When(언제)', 'Where(어디서)'라는 관점에서 정보를 수집하는 방법은 문제점에 대한 해결책을 모색할 때 활용할 수 있다. 예를 들어 판매가 부진해 대책을 강구해야 한다면 다음과 같은 관점으로 정보를 수집한다.

- **시간** – 특히 매출이 부진한 '시기'는 언제인가?

- **공간** – 특히 매출이 부진한 '지역'은 어디인가?

- **사람** – 특히 매출이 부진한 '고객층'은 누구인가?

또는 사내 야근을 줄이기 위한 방안을 모색할 때도 활용 가능하다.

- **시간** – 특히 야근이 잦은 '시기'는 언제인가?

- **공간** – 특히 야근이 잦은 '부서'는 어디인가?

- **사람** – 특히 야근이 잦은 '사원'은 누구인가?

창업을 준비하는 사람이라면 사업을 구상할 때 다음과 같이 응용할 수 있다.

- **시간** – 자신의 장점 중에서 '시대 흐름'에 부합하는 것은 무엇인가?

- **공간** – 자신의 장점을 발휘할 수 있는 '시장'은 어디인가?

- **사람** – 자신의 장점에 잠재된 가치를 알아보는 '고객', '조력자'

등은 누구인가?

　위 3가지 관점에서 정보를 수집하면 해결해야 할 문제점이나 과제를 전체적으로 파악할 수 있다. 이 경우에도 마찬가지로 각 주제에 대해 '엑셀1'을 작성한다. 이렇게 동작을 단순화하면 몰입하기도 쉽고 꾸준히 반복하면 비즈니스에 필수적인 사고 회로도 금세 장착할 수 있다.

❶ '엑셀1'(32 프레임)을 만든 후 초록색 펜으로 첫 번째 행에 '시간·공간·사람'에 관한 3가지 질문과 '정리'(첫 번째 열에는 날짜 기입)를 기입한다.

❷ 파란색 펜으로 각 질문에 관한 정보를 채워 넣는다.

❸ 3가지 관점에서 정리한 정보를 비교하고, 공통점이나 특징이 있다면 빨간색 펜으로 동그라미를 치거나 선으로 연결한다. 정리가 끝나면 '정리' 칸에 빨간색 펜으로 정보를 한 단어로 요약해 주는 키워드를 써 넣는다. (p.111 참고)

나는 '시간·공간·사람'을 각각 '하늘·땅·사람'이라는

'엑셀1'로 '시간 · 공간 · 사람'을 정리한다

시간 20××.4.× 언제 판매가 급감했는가?	공간 어디에서 판매가 급감했는가?	사람 어느 고객층에서 판매가 급감했는가?	정리
전기	동 또는 서	법인 또는 개인	후기(1~3월)
후기	오사카 이남 또는 이북	연속 3년을 초과	규슈
10~12월	워스트 3현은?	○○, △△, □□	3년 넘은 법인 고객
1~3월	니시코쿠 또는 규슈	○○, △△, □□	
과거 10년의 경향은?	○○, △△, □□		
○○, △△, □□	실적이 가장 저조한 지역 세 군데는?		
	○○, △△, □□		

과제 파악 · 공간 · 사람

※ 한 장으로 요약하는 게 아직 어렵다면 각 질문당 '엑셀1'을 만들어 총 3장을 작성한다.

말로 바꾸어 머릿속에 입력해 놓았다. 예전에 세미나에 참석할 일이 있어 히로시마 현 인노시마(広島県 因島)에 있는 '무라카미 수군' 자료관에 들른 적이 있다. 큰 인기를 얻었던 소설『무라카미 해적의 딸』의 무대가 된 곳으로, 그곳에는 무라카미 수군이 '하늘의 시기', '유리한 위치', '사람의 조화'를 중시했음을 보여 주는 자료가 다수 전시되어 있었다. 이 3가지는 '날씨에 좌우되는 운', '유리한 지형 조건', '인간 간 결속 및 연결'을 의미하며 이는 곧 '시간·공간· 사람'을 나타낸다. 그 역사만큼 오랫동안 인정받아 온 3가지 관점이 바로 '언제·어디서·누가'인 것이다. '시간·공간·사람', '하늘·땅·사람', '언제·어디서·누가' 등 어떤 조합으로 기억하든 이 3가지 관점은 '엑셀1'을 반복 작성하면서 익혀 두면 유용하게 활용할 수 있다.

'머리·마음·몸'을 중심으로 정보를 정리한다

정보를 정리할 때 기준이 되는 마지막 유형은 다음 3가지 관점이다.

① 머리
② 마음
③ 몸

상대를 처음 만나는 자리에서는 '외모, 성격, 사고방식'

을 가장 먼저 인지한다고 앞서 말했는데, 이를 인체에 빗대면 각각 '머리(사고방식)', '마음(성격)', '몸(외모)'이라 할 수 있다.

가령 부하 직원이 업무를 수행하면서 실수를 자주 저지른다고 하자. 어떻게 해야 직원의 실수를 줄일 수 있을까? '머리·마음·몸'이라는 관점에서 정보를 수집하면 문제의 실마리를 찾을 수 있다.

- **머리** – 부하직원은 해당 업무에 대한 '지식'이 충분한가?
- **마음** – 부하직원은 해당 업무에 어떤 '마음가짐'으로 임하고 있는가?
- **몸** – 부하직원은 해당 업무에 대해 어떤 '행동'을 보여 주고 있는가?

이 3가지 관점에서 정보를 수집하면 부하 직원의 취약점은 무엇인지, 장점은 무엇인지, 시정 범위는 어디까지인지가 한눈에 드러난다. 이렇게 파고들면 상대방도 부정할 도리가 없다. 이때 긍정적인 면을 간간이 부각하면서 지도

하면 상대방도 순순히 수긍할 것이다.

❶ '엑셀1'(32 프레임)을 작성한 후, 초록색 펜으로 첫 번째 행에 '머리 · 마음 · 몸'에 관한 질문 3가지와 '정리'(첫 번째 열에는 날짜 기입)를 기입한다.

❷ 파란색 펜으로 각 질문에 관한 정보를 채워 넣는다.

❸ 3가지 관점에서 정리한 정보를 비교하고, 공통점이나 특징이 있다면 빨간색 펜으로 동그라미를 치거나 선으로 연결한다. 정리가 끝나면 '정리' 칸에 빨간색 펜으로 정보를 한 단어로 요약해 주는 키워드를 써 넣는다. (p.115 참고)

가령 새로운 기획에 대한 프레젠테이션을 앞두고 있는데 별다른 진척이 없어 답보 상태에 머물러 있다면 이 3가지 관점을 적용해서 문제 해결의 단서를 찾을 수 있다.

• **머리 –** 상대방이 '이해'할 수 있는 내용인가?

• **마음 –** 상대방의 '감정'에 호소하고 있는가?

• **몸 –** 상대방의 신뢰를 얻을 수 있는 '행동'을 취하고 있는가?

'엑셀1'로 '시간 · 공간 · 사람'을 정리한다 ①

머리 20××.4.× '지식'의 문제?	'마음가짐'의 문제	'행동'의 문제	정리
인사 연차가 짧다	싫증을 잘 낸다	보고가 늦다	반응을 빠르게
계산에 서투르다	확신에 차 있다	메일로만 연락	업무는 정중히
영업 경험이 없다	도전 정신	야근이 잦다	실패해도 좋으니까 도전을
법학과 출신	낙관적	자료를 잘 잃어버린다	
○○ 프로젝트 담당	공부를 좋아한다	지각이 잦다	
		업무는 정중히	

부하 직원 지도 · 마음 · 몸

※ 한 장으로 요약하는 게 아직 어렵다면 각 질문당 '엑셀1'을 만들어 총 3장을 작성한다.

개인적으로는 이 관점을 각각 '이해 · 공감 · 신뢰감'이라는 말로 바꾸어 활용하고 있긴 하지만, 이 3가지 관점으로 일단 정리하고 나면 프레젠테이션의 결점이 보다 구체적으로 드러나게 된다. 그러면 막연하게 '왜 준비가 잘 안 되는 걸까?' 하고 머리를 싸매지 않고도 차츰차츰 한 걸음

씩 해결책에 접근할 수 있다.

❶ '엑셀1'(32 프레임)을 작성한 후, 초록색 펜으로 첫 번째 행에
'머리·마음·몸'에 관한 질문 3가지와 '정리'(첫 번째 열에는 날
짜 기입)를 기입한다.

❷ 파란색 펜으로 각 질문에 관한 정보를 채워 넣는다.

❸ 3가지 관점에서 정리한 정보를 비교하고, 공통점이나 특징이
있다면 빨간색 펜으로 동그라미를 치거나 선으로 연결한다. 정
리가 끝나면 '정리' 칸에 빨간색 펜으로 정보를 한 단어로 요약
해 주는 키워드를 써 넣는다. (p.117 참고)

원래 이 3가지 관점은 그리스 시대 철학자인 아리스토
텔레스가 2000년도 더 전에 제창한 것이다. 당시에는 각각
'로고스(논리), 파토스(감정), 에토스(신뢰)'라는 용어로 표
현했는데, 이 용어를 기억해 두는 걸로는 구체적인 실천으
로 옮기기엔 역부족이다.

하지만 '머리·마음·몸'이라는 친근한 단어로 바꾸어
기억하면 잊어버릴 염려가 없다. 게다가 기억하기가 수월

내 말은 왜 통하지 않을까

'엑셀1'로 '시간 · 공간 · 사람'을 정리한다 ②

머리 / 20××.4.× '이해' 측면	마음 / '공감' 측면	몸 / '신뢰' 측면	정리
근거가 약하다	비전이 빠져 있다	지금까지의 실적은?	근거를 세 개로 줄인다
근거가 지나치게 많다	동기가 없다	○○, △△, □□	경험담 추가
주장과 근거의 연관성이 애매	경험담이 없다	담당자와의 연관성은?	결재권자와 사전 미팅
		○○, △△, □□	
		결재권자와의 관계는?	
		○○, △△, □□	

프레젠테이션 재검토

※ 한 장으로 요약하는 게 아직 어렵다면 각 질문당 '엑셀1'을 만들어 총 3장을 작성한다.

하면 활용 가능성도 높아진다.

일단 시작하면 만사가 일사천리다

지금까지 3가지 관점으로 정보를 정리하는 방법을 살펴봤다. 유형을 다시 정리하면 다음과 같다.

| 유형 1 |

- 고객 / 상대(Customer)
- 자사 / 자신(Company)
- 경쟁사 / 사회(Competitor)

| 유형 2 |

- 시간
- 공간
- 사람

| 유형 3 |

- 머리
- 마음
- 몸

'과연 이 3가지 유형만으로 모든 문제가 해결될까' 하고 의구심을 갖는 독자도 있을 것이다. 그래도 어떤 문제를 안고 있든 일단 이 3가지 유형 중 하나를 정해 정보를 수집

내 말은 왜 통하지 않을까

해 보라고 권하고 싶다.

가령 상품을 기획하는 중이라면 3C 관점에서 '엑셀1' 프레임 첫 번째 행에 각각 '고객은 무엇을 원하는가?', '자사가 세상에 묻고 싶은 것은?', '사회 동향은?'이라고 기입해 본다. 그리고 각 관점에서 정보를 수집해 프레임에 그에 대한 '응답'을 쓴다. '정답'은 개의치 말고 일단 무엇이든 써 넣고 본다.

❶ '엑셀1'(32 프레임)을 작성한 후, 초록색 펜으로 첫 번째 행에 3C에 관한 질문 3가지와 '정리'(첫 번째 열에는 날짜 기입)를 기입한다.

❷ 파란색 펜으로 각 질문에 관한 정보를 채워 넣는다.

❸ 3가지 관점에서 정리한 정보를 비교하고, 공통점이나 특징이 있다면 빨간색 펜으로 동그라미를 치거나 선으로 연결한다. 정리가 끝나면 '정리' 칸에 빨간색 펜으로 정보를 한 단어로 요약해 주는 키워드를 써 넣는다. (p.120 참고)

상품을 기획하는 경우라면 이 관점이 정석으로 통하긴

다양한 관점에서 정보를 정리한다

상품 기획

① 3C의 관점

상대방	자신	사회	
20××.4.× 고객은 무엇을 원하는가?	자사가 세상에 묻고 싶은 것은?	사회 동향은?	정리
○○○	○○○	○○○	
○○○	○○○	○○○	
○○○	○○○	○○○	

> 만일 이 관점으로
> 진척이 없다면…

② '시간·공간·사람'의 관점

시간	공간	사람	
20××.4.× 가장 많이 팔리는 시기는?	가장 많이 팔리는 지역은?	가장 많이 팔리는 연령층·성별은?	정리
△△△	△△△	△△△	□□□
△△△	△△△	△△△	□□□
△△△	△△△	△△△	□□□

> 한 번에 끝내려고 하지 말고,
> 이렇게 다른 관점에서
> 다시 작성해 본다.

하지만 정보 수집 이후 단계로는 생각만큼 진척되지 않을 때도 있을 것이다. 그럴 때는 다른 관점에서 정보를 다시 정리해 본다.

예를 들면 다음과 같이 '시간·공간·사람'이라는 관점에서 정보를 정리해 볼 수도 있다.

- **시간** – 자사 상품이 가장 잘 팔리는 '시기'는?
- **공간** – 자사 상품이 가장 잘 팔리는 '지역'은?
- **사람** – 자사 상품을 가장 많이 구입하는 '고객층'은?

정보 수집 결과 '자사 제품이 가장 많이 팔리는 시기는 겨울이고, 주요 고객은 수도권에 거주하는 30대 남성'이라는 점을 알게 됐다고 하자.

가령 자사가 식음료 기업이라면 '겨울에 수도권에 거주하는 30대 남성이 좋아하는 음료는 무엇일까?'라는 새로운 주제를 던져 더 깊이 있는 논의를 유도할 수도 있다. '뭐 참신한 기획거리 없나?'하고 머릿속으로만 생각하는 경우와 비교해 보면 실제로 일이 진행되고 있다는 실감이

들 것이다.

한 가지 관점에서 정보를 수집했는데 결과가 만족스럽지 않을 경우 완전히 다른 관점으로 접근해 정보를 새로 정리하면 전혀 다른 질문이나 과제를 발견할 수 있다. 관점이 하룻밤 사이에 바뀌지는 않겠지만 '엑셀1'을 꾸준히 반복 작성하며 실행력이 점차 강화된다면 관점도 차츰 바뀌게 될 것이다. 게다가 '종이 한 장'이 갖는 '일람성'이라는 힘을 실감하고 나면 머릿속으로 정리했을 때는 생각지도 못했던 깨달음도 얻게 될 것이다. '둔하다'는 말을 들어본 적이 있다면 이 간단한 동작을 반복하는 것만으로 그 같은 인식을 금세 불식시킬 수 있다.

내 말은 왜 통하지 않을까

알아듣기 쉬운
설명을 위한
두 번째 방법

‘3가지 틀’로
생각을 정리한다

몸을 움직이면 생각도 움직인다

이제 알아듣기 쉬운 설명을 위한 3단계 중 두 번째인 '생각을 정리한다' 단계를 살펴볼 차례다. 2부에서 소개한 초간단 사고 정리법은 '자신이 중요하다고 생각하는 3가지 정보를 선택한다'는 것이다. 가령 회의 때 논의한 내용을 '엑셀1'에 정리했다면 '엑셀1'을 훑어보면서 중요도가 좀 더 높다고 판단하는 정보 3가지를 선별해 빨간색 펜으로 동그라미를 치는 것이다. 그래도 이 방식으로 단번에 정리가 될지 여전히 의구심이 들지도 모르니, 여기서는 '3가지를 선택하는 방법'을 소개하려 한다.

예를 들어 '내가 좋아하는 책'을 주제로 생각을 정리한다고 해 보자. 좋아하는 책을 떠올린 후 '엑셀1'(16 프레임)에 3분 내로 제목을 채워 넣는다. 그런 다음 이 중에서 '가장 좋아하는 책' 3권을 다시 고른다. 직접 손으로 쓰고 궁리하다 보면 자연스럽게 다음과 같은 생각들이 교차할 것이다.

'다 좋아하는 책이긴 하지만, 그래도 ○○한테 소개한다면 이 책과 저 책이 적당하겠지?'

'다 좋아하는 책이긴 하지만, 이 중에서 요즘 트렌드에 맞는 책은 이 책이겠지?'

'다 좋아하는 책이긴 하지만, 이 중에 절판된 책도 많으니까 구입 가능한 책으로 고르자면…'

'가장 좋아하는 책'이라는, 어찌 보면 광범위한 주제에서 출발하긴 했지만 3권이라는 제약 때문에 여러분도 어떻게든 권수를 줄여 볼 요량으로 이런저런 이유를 떠올릴 것이고, 그 과정에서 개수도 자연스레 줄게 될 것이다. 직접 써 보면 의외로 수월하게 3가지를 고를 수 있다고 확신하는 것도 바로 이 때문이다. 그래도 정 못 고르겠다면 여전히 '망라성'에 얽매여 있는 것은 아닌지 '정답'이나 '단판승부'에만 골몰하는 사고방식에 젖어있는 건 아닌지 한 번쯤 생각해 봐야 한다.

교육 현장에 있다보면 절대적인 정답이 있다는 생각에 자신의 독창적인 생각은 제쳐 두는 유형이나 일단 3가지로 줄여 보고 아니다 싶으면 다른 방식으로 다시 해 볼 수 있는데도 '처음부터 완벽해야 한다'고 생각하는 유형을 많이 만나게 된다. 이런 사람들이야말로 종이 한 장에 요약해 보는 실천을 반복하면서 자신들이 그간 얼마나 억압적인 사고방식에 젖어 있었는지를 절감할 필요가 있다.

머리와 마음과 몸은 연결되어 있다. '동작'을 반복하면 눈에 보이지 않는 머릿속 사고회로나 마음속에 자리한 나쁜 습관도 얼마든지 교정할 수 있다. '동작'의 매력은 바로 여기에 있다.

내 말은 왜 통하지 않을까

'3가지'의 마력

'생각을 정리한다' 단계에서 개수를 3가지로 줄이는 이유는 뭘까? 가령 병원 접수대 직원이 "이 양식에 이름, 주소, 전화번호를 써 주세요"라고 말하면 누구나 금방 써 낼 것이다. 3가지 항목이라 알기 쉽고 기억하기 쉬워 곧바로 행동으로 옮길 수 있기 때문이다.

그런데 "여기에 이름, 주소, 메일 주소, 전화번호, 생년월일, 혈액형, 알레르기 유무, 검사 희망 날짜를 써 주세요"라고 연달아 물으면 어떨까? '이름, 주소, 전화번호, 그리고… 음, 뭐였지…?' 하고 몇 가지는 금세 잊어버릴 것이다. 상대방이 여러분의 설명을 이해하고 기억하고 행동으로 옮기길 원한다면 3가지로 줄일 수 있어야 한다. 게다가 3가지를 선택하다 보면 전체 그림을 파악하는 감각도 기를 수 있다.

'내가 좋아하는 책'으로 돌아가 보자. 만일 상대방이 "제가 좋아하는 책은 『A』와 『B』와 『C』, 이렇게 3권입니다"라고 말하면 그 사람의 독서 기호나 성향을 대번에 알 수 있다. "제가 좋아하는 책은『A』입니다"라고 한 가지 정보만 주어졌을 때와 비교하면 당연히 그 사람을 좀 더 쉽게 파악할 수 있다.

아주 간단한 계산 문제를 예로 들어 설명해 보자. 다음 그림처럼 빈칸을 채우는 문제가 있고 '△가 1일 때는 5가 된다', '△가 2일 때는 7이 된다'라는 두 가지 힌트가 주어졌다고 하자. 이 두 문장으로는 ○와 □에 어떤 숫자가 들어갈지 감이 잘 안 잡힌다. 그런데 여기에 '△가 3일 때는 9가 된다'라는 세 번째 정보를 추가했다고 치자. 그러면 이 문제의 ○에는 2가, □에는 3이 들어간다는 것을 알 수 있다. 그리고 △가 4 이상이라 하더라도 같은 패턴이 반복되리라는 점을 눈치챌 수 있다. 2가지가 주어졌을 때는 어렴풋했던 전체 윤곽이 3가지가 주어진 순간 비로소 시각화된 것이다. 요컨대 '3가지'는 '전체'에 접근할 수 있게 해 주는 개수, 즉 대표성을 드러내 주는 특별한 수다.

수학이나 언어에 남다른 감각이 있어야 된다는 말이 아니다. 사실 우리는 학창 시절부터 어떤 대상이든 대표적인 '3가지' 특성으로 나타내는 사고방식에 친숙하다. 한두 개

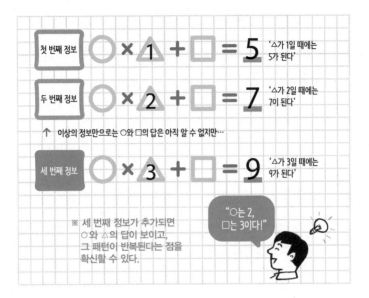

로는 부족하다고 느끼지만 3가지를 꼽으면 그제야 충분하다고 무의식적으로 생각한다. 3가지에 전부를 '담을' 수 없는데도 말이다.

그렇다면 왜 3가지로 충분하다고 생각하는 걸까? 흔히 '3가지의 마력'이라고 표현하는 이유를 떠올린다면 이해가 될지도 모르겠다. 앞서 예로 든 웹사이트 개편 프로젝트 발표 때 대다수 관계자들이 내 설명에 순순히 수긍한 것도

3가지 관점으로 설명했기 때문이다. 대상을 완벽하게, 있는 그대로 전부 파악할 수는 없더라도 최소한 그 정도면 문제를 파악하는 데는 충분하다고 생각했던 것이다.

단시간에 합의를 이끌어낼 수 있었던 것도 3가지로 간단명료하게 설명한 덕이 컸다. 만일 그 자리에 '엄밀성', '망라성', '정확성'을 중시하는 사람이 대다수였다면, 또는 나 역시 그랬다면 아무런 성과도 얻지 못했을 것이다. 특히 시간도 예산도 인원도 제한돼 있는 비즈니스 분야에 몸담고 있다면 상대방의 즉각적인 이해를 이끌어 낼 수 있도록 '마법의 숫자 3'을 십분 활용해 설명할 수 있어야 한다.

'Why·What·How'로 생각을 정리한다

알아듣기 쉽게 설명하는 데는 3가지를 선택하는 사고 정리법이 유용하고, 직접 써 보면서 생각을 정리하면 3가지를 골라 선택하는 게 의외로 어렵지 않다고 설명했는데, 사실 3가지를 고를 때 써먹을 수 있는 한 가지 요령이 있다. 바로 대표성이 높은 '틀'을 활용하는 것이다.

여기서는 '생각을 정리한다' 단계에서 활용할 수 있는 3가지 틀을 소개하려 한다. 물론 이 3가지 유형 외에도 다양한 틀이 있을 것이다. 그런데도 굳이 3가지로 줄인 이유는 뭘까? 이쯤 되면 여러분도 대번에 눈치챘을 것이다. 누누이 강조했듯 3가지면 충분하기 때문이다.

가령 여러분이 "이런 기획은 어떨지 생각해 봤는데…" 라고 운을 떼며 기획안을 제출한다고 하자. 여러분이 그 기획에서 가장 강조하고 싶은 점은 무엇인가? 모범적인 기획서라면 다음과 같은 필수 항목 3가지는 반드시 포함되어야 한다.

① 왜 그 기획을 추진하고 싶은가?
② 개요는 무엇인가?
③ 어떻게 추진하고 싶은가?

또는 업무 이해력이 떨어지는 부하 직원이 있다고 치자. 개선책을 모색하려면 다음 3가지 사항을 고려해 볼 수 있다.

① 업무 이해력이 떨어진 이유는 무엇인가?

② 특히 어떤 업무에 대한 이해력이 떨어지는가?

③ 어떻게 해야 업무 이해력이 높아질 것인가?

아니면 상사가 새로운 업무 지시를 내렸다고 하자. 여러분은 다음 3가지 항목을 검토해 볼 수 있다.

① 그 업무는 왜 필요한가?

② 어떤 업무인가?

③ 어떻게 추진해야 하는가?

물론 상황에 따라 개별 항목도 그때그때 달라질 수 있다. 하지만 대체로 위 3가지에 중점을 두면 사안의 전체 윤곽을 파악할 수 있을 뿐만 아니라 행동방침을 정하는 데 필요한 최소한의 정보도 얻을 수 있다.

사실 앞서 예로 든 3가지 상황에는 한 가지 공통점이 있다. 바로 'Why(왜), What(무엇을), How(어떻게)'를 묻는

내 말은 왜 통하지 않을까

다는 점이다. 우리는 의문을 해소하고 싶을 때 흔히 '왜?', '무엇을?', '어떻게?'라는 질문을 던진다. 반대로 말하면 설명을 듣는 상대방도 이 3가지 질문에 대한 해답을 얻으면 알아듣기 쉬운 설명이라고 생각하기 쉽다. 이 3가지 의문을 해소해 주는 내용을 위주로 설명하면 자연스레 '알아듣기 쉬운 설명'이 된다는 말이다.

대표적인 업무 상황에서 필수적으로 요구되는 정보를 'Why · What · How' 관점에서 정리해 보면 다음과 같다.

ǀ 회의 정리 ǀ

Why – 회의가 열린 이유는 무엇인가?(회의 목적)

What – 회의에서 논의하고 결정한 내용은 무엇인가?(회의 내용)

How – 결정된 사항은 앞으로 어떻게 추진할 것인가?(향후 계획)

ǀ 기획 프레젠테이션 ǀ

Why – 이 기획을 추진하고 싶은 이유는 무엇인가?(기획의 목적)

What – 개요는 무엇인가?(기획 내용)

How – 일정, 발주처, 예산은 어떻게 할 것인가?(기획의 실행)

| 클레임 처리 후속 보고 |

Why – 클레임을 제기한 이유는 무엇인가?(클레임 발생 원인)

What – 클레임의 요지는 무엇인가?(클레임 내용)

How – 어떻게 대처했는가? 향후 재발을 방지하려면 어떻게 해
야 하는가?(클레임 대처)

'Why·What·How'를 제시하는 순서는 경우에 따라 얼마든 바뀔 수 있다. '3가지 의문사'라는 틀을 구조화하기만 하면 이 순서와는 무관하게 설명하는 여러분도, 설명을 듣는 상대방도 알기 쉽게 생각을 정리할 수 있다.

그렇다면 이 틀에 알맞은 사고 정리법은 무엇일까? 마찬가지로 다음과 같이 '엑셀1'을 약간 변형한 양식을 활용하면 된다.

❶ '엑셀1'(16 프레임)을 준비하고, 초록색 펜으로 첫 번째 행에 Why · What · How에 관한 질문을, 첫 번째 열에 '3가지 포인트'라는 의미의 P1?, P2?, P3?라고 써 넣는다.

❷ 초록색 펜으로 날짜와 주제를 기입한다.

내 말은 왜 통하지 않을까

❸ 파란색 펜으로 3가지 구조에 각각 답을 채워 넣는다. 기입한 후 필요에 따라 빨간색 펜으로 수정한다. (p.136 참고)

이렇게 'Why·What·How'와 앞서 언급한 'When·Where·Who' 두 유형으로 나누어 각 항목에 대해 3가지씩 쓰는 훈련을 반복하면 어느새 5W1H를 자유자재로 활용할 수 있게 될 것이다.

1부에서 설명한 대로 대다수는 5W1H에 익숙하지만 실제로 활용하는 경우는 드물다. 지금까지 설명한 내용만 실천으로 옮긴다면 머지않아 '조직에 꼭 필요한 유능한 직원'이라는 평을 듣게 될 것이다.

'엑셀1'로 'Why · What · How'를 정리한다

회의 정리 | **Why** | **What** | **How**

날짜와 주제

20××.4.× 회의 정리	회의 목적은?	결정된 내용은?	앞으로 어떻게 추진할 것인가?
P1?	야근 축소 요구에 대한 정보 공유	강제 퇴근	20시 소등
P2?	축소 방안 검토	조기 퇴근의 날	수요일에 정시 퇴근
P3?	시행안을 정한다	업무 재검토	업무 목록 제출

각 포인트에 대해 3가지 정보를 써 넣는다.

기획 프레젠테이션

20××.4.× 기획서 구성	기획 목적은?	개요는?	진행 방향은?
P1?	○○○	○○○	○○○
P2?	△△△	△△△	△△△
P3?	□□□	□□□	□□□

클레임 처리 후속 보고

20××.4.× 클레임 처리	클레임의 요지는?	클레임이 제기된 원인은?	개선책은?
P1?	○○○	○○○	○○○
P2?	△△△	△△△	△△△
P3?	□□□	□□□	□□□

※ 한 장으로 요약하는 게 아직 어렵다면 각 질문당 '엑셀1'을 만들어 총 3장을 작성한다.

'과거·현재·미래'로 생각을 정리한다

다음으로 살펴볼 '3가지 틀'은 '과거·현재·미래' 순으로 생각을 정리하는 방법이다. 가령 여러분이 인사고과 면담을 할 예정이라고 하자. 면담 시 상사에게 설명해야 할 내용은 다음과 같이 3가지 관점에서 요약할 수 있다.

- **과거** – 지금까지 어떤 자세로 업무에 임해 왔는가?
- **현재** – 이번 기회에 보고·연락·상담(팀웍을 중시하고 독자적인 결정은 지양하며 서로 고민과 조언을 나눈다는 의미로, 일본 조직문화에서 상사-부하 간, 동료 간 관계를 구축하는 데 필수적인 원칙)하고 싶은 것은 무엇인가?
- **미래** – 향후 어떻게 커리어를 계발하고 싶은가?

또는 고객 클레임을 상사에게 보고하는 경우라면 다음과 같은 3가지 관점으로 요약할 수 있다.

- **과거** – 어떤 클레임이 제기됐는가?

- **현재** – 현 상황은 어떤가?

- **미래** – 어떻게 대응할 것인가?

또 새로운 상품 기획에 대해 설명한다면 다음과 같이 3가지로 요약할 수 있다.

- **과거** – 기존 상품의 문제점은 무엇인가?

- **현재** – 현 시장의 니즈는 무엇인가?

- **미래** – 향후 어떤 상품을 투입해야 하는가?

반드시 '과거 → 현재 → 미래' 순으로 설명할 필요는 없다. 고객 클레임 보고처럼 현 상황을 설명하는 것으로 충분한 경우도 있다. '과거·현재·미래'라는 흐름을 따르되 사안에 따라 순서는 얼마든 바뀔 수 있다.

❶ '엑셀1'(16 프레임)을 준비하고, 초록색 펜으로 첫 번째 행에 Why · What · How에 관한 질문을, 첫 번째 열에 '3가지 포인트'라는 의미의 P1?, P2?, P3?를 써 넣는다.

❷ 초록색 펜으로 날짜와 주제를 기입한다.

❸ 파란색 펜으로 3가지 구조에 각각 답을 채워 넣는다. 기입한

후 필요에 따라 빨간색 펜으로 수정한다. (p.140 참고)

시간 순으로 정리한다는 말이 상투적인 조언이라고 생각하는 사람이 있을지도 모르겠다. 하지만 이 상투적인 조언조차 '동사' 수준에 머무는 경우가 대다수다. 이번만큼은 위 '동작'을 토대로 식섭 실천해 보라. 아는 데에만 만족하면 아무것도 바뀌지 않는다.

'엑셀1'로 '과거 · 현재 · 미래'를 정리한다

상사와의 면담　　**과거**　　**현재**　　**미래**

날짜와 주제

20××.4.× 상사와의 면담	지금까지의 업무 자세는?	이번에 특히 상담 하고 싶은 것은?	앞으로 어떻게 할 계획인가?
P1?	영업 목표의 달성	부하 직원 지도	부하 직원의 목표 달성률을 높인다
P2?	개인 3번 연속 달성	의욕 없는 직원 지도하기	사장상 수여
P3?	직원 육성	자극을 준다	해외 주재

└─ 각 포인트에 대해 3가지 정보를 써 넣는다.

클레임 보고

20××.4.× 클레임 보고	어떤 클레임이 제기됐는가?	현재 무엇이 문제인가?	향후 대처 방법은?
P1?	○○○	○○○	○○○
P2?	△△△	△△△	△△△
P3?	□□□	□□□	□□□

상품 기획

20××.4.× 상품 기획	기존 상품의 문제는?	현재 수요가 높은 상품은?	앞으로 어떤 상품을 투입할 것인가?
P1?	○○○	○○○	○○○
P2?	△△△	△△△	△△△
P3?	□□□	□□□	□□□

※ 한 장으로 요약하는 게 아직 어렵다면 각 질문당 '엑셀1'을 만들어 총 3장을 작성한다.

'송(松)·죽(竹)·매(梅)'로 생각을 정리한다

만일 매장에서 고가의 제품을 구입해야 한다면 보통은 적어도 세 군데 이상은 둘러보면서 꼼꼼하게 비교해 보고 구매하지 첫 번째로 들어간 매장에서 덜컥 물건을 구입하진 않을 것이다. 일단은 구매를 미루고 다른 곳도 좀 더 둘러본 다음에 결정을 내리는 게 일반적인 상식이다.

비즈니스 전반에서도 이런 심리가 작용한다. 가령 '새로운 제품은 어떤 사양을 갖추어야 할까'라는 주제로 회의를 진행한다고 하자. 부서 간 합의안을 B로 유도하고 싶다면 어떻게 설명하면 될까? 이런 경우 대개는 B안에 대한 상세 자료를 준비해 장황하게 설명하는 실수를 범한다. 하지만 첫 번째로 들어간 매장에서 곧바로 고가 제품을 구입하지 않듯, 한 가지 안만 슬쩍 보고 '그걸로 합시다'라고 단번에 결정하는 경우는 드물다.

제시된 안을 승인할지 거부할지 판단이 서지 않으면 회

의는 교착상태에 빠질 수 밖에 없다. 그래서 일을 잘하는 사람일수록 늘 추진 방향을 고민하고 그에 맞는 행동방침을 세워 실천에 옮기게 마련이다. 여러분이 회의를 교착상태에 빠트리지 않고 B안을 만장일치로 채택시키려면 어떻게 해야 할까? 이때 바로 '송 · 죽 · 매' 구조가 필요하다. 즉 '등급이 다른 3가지 방안'을 나란히 제시하는 것이다.

일본에서 흔히 도시락 메뉴는 '송 · 죽 · 매' 등급으로 나뉜다. 품질에 따라 등급이 달라지고 등급에 따라 가격에도 편차가 있는데, 이 '송 · 죽 · 매' 중에서도 가장 많이 팔리는 등급이 바로 중간 등급인 '죽'이다. '싼 게 비지떡이라는데 제일 싼 건 왠지 구성이 빈약할 것 같고, 제일 비싼 건 가격이 부담스럽고…. 제일 무난하고 안전한 중간 등급으로 하지 뭐'라고 생각하는 심리가 작용하는 것이다.

마찬가지로 특정 안이 채택되길 바란다면 중간 등급인 '죽'을 기준으로 좌우에 '송'과 '매'를 나란히 제시할 수 있도록 3가지 안을 준비한다. 가령 B안의 예산이 3천만 원이라면 이를 기준으로 5천만 원 예산의 A안과 1천만 원 예산의 C안을 나란히 내놓는 것이다. 여러분이 원하는 방안을 중간급인 '죽'안으로 제시하는 것이 관건이다. 이렇게 하면 염두에 둔 기획안의 채택률이 높아질 뿐만 아니라 주어진 3가지 중에서 선택할 가능성도 커진다. 설령 제안한 안이 채택되지 않더라도 최소한 '그 방향으로 진행하자'라는 식으로 결론 나기 십상이라 협상이 난항을 겪을 일도 없다.

❶ '엑셀1'(32 프레임)을 준비하고, 초록색 펜으로 첫 번째 행에 각각 A안, B안, C안을, 첫 번째 열에 '비교 항목'을 기입한다(프레임을 모두 채울 필요는 없다).

❷ 초록색 펜으로 날짜와 주제를 기입한다.

❸ 우선 빨간색 펜으로 채택되길 원하는 B안의 정보를 채워 넣고, 파란색 펜으로 바꿔 A안·C안의 정보를 채워 넣는다(색을 바꾸는 이유는 '채택 희망안은 B'라는 점을 의식하기 위해서다). (p.144 참고)

'엑셀1'로 '송·죽·매'를 정리한다

신제품 제안의 예	송	죽	매
20××.4.× 신제품 사양 제안	A안	B안	C안
서비스 내용	4가지	**3가지**	2가지
가격	5천만 원	**3천만 원**	1천만 원
서비스 기간	1년	**6개월**	3개월
담당자	5명 체제	**3명 체제**	1명 체제
메일 지원	24시간 대응	**오전시간 대응**	없음
출장 지원	매월	**2개월에 1회**	없음

비교 항목을 써 나간다

채택되길 원하는 안을 가운데로 배치한다

'그림 설명'이 어려운 이유

사실 '송·죽·매' 구조는 비즈니스에 심리학을 적용한 사례로 자주 등장한다. 5W1H 사례와 마찬가지로 신선하다기보다 새삼스럽다고 생각하는 사람이 있을 것이다. 그런

내 말은 왜 통하지 않을까

데도 막상 이 구조를 제대로 활용하는 사람은 거의 본 적이 없다. 여타 기획안과 비교하는 과정 없이 한 가지 기획안만 장황하게 설명하는 사람, 방대한 내용을 도해로 표현해 놓고 알기 쉬운 설명이라고 착각하는 사람이 대다수다. 익히 알고 있지만 실제로는 활용하지 않는 경우가 부지기수인 것이다.

경제경영 분야 도서 중 이른바 '도해(그림 풀이) 책'을 몇 권 읽어 보긴 했지만 복잡한 요소가 뒤얽혀서 오히려 어렵게 느껴져 읽다가 도중에 그만둔 적이 한두 번이 아니다. 도해가 구조를 알기 쉽게 그림으로 보여 준다는 측면은 분명 있지만, 애초에 설명 자체가 난해하다면 그림으로 표현한다 한들 큰 효과는 기대하기 어렵다. 큰 구조를 이해하는 데는 실효성이 있을지 몰라도 그마저 양적으로 방대하다면 전달력은 여전히 떨어질 수밖에 없다.

요컨대 도해로 구조를 시각화해 큰 그림을 보여 준다 하더라도 이를 뒷받침하는 설명 자체가 어렵다면 전문가가 아니고서야 상대방이 이해하리라고 기대해선 안 된다.

오히려 설명하고 싶은 내용의 개수를 줄이는 게 더 효과적이다.

'송·죽·매' 구조는 바로 이런 경우에 진가를 발휘한다. 이 유형은 개별 안을 하나하나 상세히 설명하지 않아도 상대방이 단번에 요점을 파악할 수 있다는 장점이 있다. 설명하고 싶은 내용이 정리가 잘 안 된다면 '송·죽·매'로 나누어 비교하는 방식으로 설명해 보기를 권한다. '송·죽·매' 구조를 익히 알고 있는 사람도 이번 기회에 실제로 활용해 보면서 발상을 전환해 보라. 살펴봤듯 실천법은 간단하다. '엑셀1'을 반복 작성하면서 습관으로 굳히기만 하면 된다. 언제나 그렇듯 당장 실행하느냐 안 하느냐에 따라 결과가 달라진다.

경제경영 분야의 주 독자층은 흔히 '책에 실린 정보량이 많아 코스트 퍼포먼스(비용·노력 대비 효용을 최대 가치로 보는 소비 트렌드)가 높았다'는 말로 긍정적인 후기를 전하는 경우가 많다. 여기까지 읽은 독자라면 이런 후기가 '망라성'이나 '과잉'을 높게 평가하고 있다는 걸 눈치챘을 것이다. 이 책은 그렇게 쓰지 않으려고 노력한 산물이다. 독서가 끝난 후 '실천으로 옮겼는가' 그리고 그렇게 실천한 결과 '하루가 다르게 변화하고 있는가'를 독자가 직접 체험할 때라야 경제경영 서적의 가치가 비로소 빛을 발한다. 여태까지 경제경영 서적을 고를 때 분량이나 방대한 내용을 우선으로 두고 '코스트 퍼포먼스'를 평가했다면 이 책을 읽고 난 뒤에는 '실천하는 즐거움'을 최우선으로 삼기를 바란다.

　이제 마지막으로 '전달한다' 단계로 넘어가 보자.

알아듣기 쉬운
설명을 위한
세 번째 방법

....

'3가지 동작'으로
전달한다

'포인트는 3가지입니다'

마지막 단계인 '전달한다'에서도 활용 가능한 요령은 많다. 그 중에서도 가장 유용한 방법 한 가지를 들자면 설명을 시작할 때 '포인트는 3가지입니다'라고 곧바로 개수를 밝히는 것이다.

가령 상사에게 업무 보고를 한다면 '말씀드리고 싶은 포인트는 3가지입니다, 우선 첫 번째는…'등으로, 기획서 프레젠테이션이라면 '이번 기획의 포인트는 크게 3가지입니다. 우선 첫 번째는…' 등으로 핵심 정보의 가짓수를 밝히며 바로 본론으로 들어가는 것이다. 이렇게 설명 초반에 정보의 개수를 알려 주면 설명이 자연스럽게 이어질 뿐만 아니라, 무엇보다 설명의 '전체상(일람성)'을 한눈에 보여 줄 수 있다.

"포인트는 3가지입니다."

이 말을 들은 상대방은 즉각 '아, 이제 3가지 포인트를 얘기하겠구나. 그럼 시간이 대략 이쯤 걸릴 테지'라고 짐작할 수 있다. 설명의 전체상이나 진행 방향이 대략 그려지면 상대방도 앞으로 이어질 설명에 대한 기대감이 작용해 집중하기도 쉽다. 반면 두서없이 설명이 시작되면 상대방도 알게 모르게 긴장하게 된다.

예를 들어 학생들 사이에서 잘 가르치기로 유명한 선생님이라면 수업 초반에 "오늘은 ○○에 대해서 설명하겠습니다"라고 운을 떼며 수업 내용의 전체상을 제시해 주기 마련이다. 또는 "오늘은 이런 방향으로 수업을 진행하겠습니다"라고 학생들에게 전반적인 내용에 대해 안내해 주면서 이해력과 집중도를 끌어올리는 것이다.

기업 연수도 마찬가지다. 3시간짜리 교육 프로그램일 경우 어떤 내용을 어떤 순서로 진행할 것인지 미리 안내해 주면 상대방도 편하게 강의를 들을 수 있다. 이를테면 "50분간 강의를 한 후 간단한 테스트를 하고 이어서 휴식을 취할

예정입니다. 후반에는 그룹 토의를 중심으로 진행하겠습니다” 등으로 내용을 나누어 설명하면 상대방의 집중력도 높아진다. 이처럼 설명을 시작하자마자 '포인트는 3가지입니다'라고 알려 주면 설명의 전체성(일람성)이 확연히 도드라진다.

'설명력'을 기르는 가장 빠른 지름길

''포인트는 3가지입니다'라고 말하기는커녕 3가지를 제대로 정리하지도 못했는데…' 하고 걱정하는 사람도 있을 것이다. 3가지로 정리하는 구체적인 방법은 앞서 이야기한

대로다. 그래도 사전 준비가 부족하다거나 갑자기 설명을 요청받는 경우도 더러 있어 사고 정리법을 실천할 시간을 미처 확보하지 못할 때도 있다. 가령 세미나 후 질의응답 시간이 그렇다. 질문을 받고 여유롭게 '엑셀1'을 작성하며 생각을 정리할 시간이 있을 리 없다. 그렇더라도 나는 '이 질문의 포인트는 3가지입니다'라고 일단 운을 떼고 본다. 그렇게 해야 설명력을 기를 수 있기 때문이다.

'꿈이나 소원은 입으로 말해야 이루어진다'라는 말을 들어 본 적이 있을 것이다. 주변에 부지런히 알려야 도와주는 사람도 나타나고, 주변을 의식해서라도 혹은 주변의 기대에 부응하기 위해서라도 마음가짐이 바뀔 수밖에 없다. 일단 입밖에 내는 것으로, 즉 누군가에게 알리는 것으로 스스로를 몰아붙칠 수 있다.

결과는 차치하고라도 '포인트는 3가지입니다'라고 운을 떼는 방법은 효과적이다. '일단 말을 꺼냈으니 어떻게든 3가지로 설명해야 한다'는 목적이 생기면 우리의 두뇌도 그에 따라 최대한으로 작동할 수 있기 때문이다.

내 말은 왜 통하지 않을까

설명을 잘하는 사람은 제때 말을 끊을 줄 안다

물론 말처럼 순조롭게 풀리지 않을 때도 있다. 가령 어떻게
든 3가지 포인트를 설명했다고 해도 그 내용만으로는 부족
한 경우도 있다. 그래도 종이에 써 가며 생각을 체계적으로
정리하는 단계가 아니라면 문제가 안 된다.

3가지가 있다고 무시코 내뱉었다가 콘텐츠가 빈약하면
어쩌나 하는 노파심에 아예 아무런 행동도 취하지 않는다
면 어떤 일도 시작할 수 없다. 사전에 내용을 충분히 정리
하고 설명할 생각만 하고 있다가 정작 그런 상황에 맞닥뜨
렸을 때 결국 아무 말도 하지 못하는 것보다는, 우선 운을

떼고 보는 방법이 '생각을 빠르게 정리할 수 있도록' 동기를 부여하는 데는 훨씬 효과적이다. '엑셀1'을 작성할 때도 더 적극적으로, 신속하게 사고를 정리하는 습관을 들이는 것이 중요하다.

이 경험이 축적되면 설명력도 이에 비례해 향상되고, 나아가 어떤 상황에서도 3가지로 정리해 설명할 수 있는 순발력을 기를 수 있다.

꼭 업무와 관련된 상황이 아니라도 좋으니 평소 3가지 사항으로 전달하는 습관을 들이는 게 좋다. 이를테면 인기 리조트에 묵었던 경험을 친구에게 들려준다고 치자. 이때는 상대방에게 "정말 좋았어. 특히 인상적이었던 건, 음… 3가지가 있는데…" 하고 먼저 운을 떼 본다. 막상 떠오르는 건 1가지밖에 없다 하더라도 일단 '3가지가 있다'고 말한 뒤 첫 번째를 설명하는 동안 '나머지 2가지는 뭐가 있을까?' 하고 생각할 시간을 확보한다.

이렇게 말하면 '그건 적당히 둘러대는 거 아닌가?'라

고 생각하는 사람도 있을 것이다. 하지만 사실 3가지로 정리해 설명을 잘하는 사람 대다수가 이 방법을 쓴다. 비즈니스 스쿨에서 근무할 때 각계에서 활약하는 경영자의 강연이나 토론을 취재할 기회가 많았는데, 이런 방식을 고수하는 사람이 적지 않았다. 개중에는 '포인트는 3가지다'라고 말하고 나서 웃으며, "아, 3가지라고 했는데 말하고 보니 2가지네요"라고 정정하며 얼버무리는 사람도 있었다. 또는 정정하기는커녕 여태 2가지만 설명했는데 마치 3가지를 다 말한 것처럼 슬쩍 넘어가는 경우도 있었다. 그렇다고 해서 상대방이 신뢰감을 잃었다든가 설명이 알아듣기 어려웠던 건 아니다. 3가지를 완벽하게 설명하지 못했다고 해서 상대방에게 어마어마한 손실을 입히지는 않는다. 오히려 이런 시행착오를 겪으며 실전 경험을 쌓는 게 더 중요하다. 그러려면 '포인트는 3가지입니다'라고 말해 놓고 설명을 시작하는 훈련을 반복해야 한다.

설명력을 길러 주는 3가지 '동작'

설명을 시작할 때 3가지 포인트를 밝히는 것만으로도 '설명력'을 기를 수 있지만, 이게 다는 아니다. 이걸로 끝이라면 독자도 분명 머릿속에 넣어 두는 것으로 만족하고 말 것이다.

'3가지로 정리한다'는 원칙을 내세우는 지침서들이 이미 시중에 적지 않은데도 대부분이 실천으로 옮기지 못하는 데는 구체적인 '동작'이 빠져 있다는 원인이 크다. 당위만 주장하는 것만으론 턱없이 부족하다. 실천을 독려하려면 상대방이 당장 행동으로 옮길 수 있도록 구체적인 동작을 제시해야 한다.

그런 의미에서 여기서는 '전달한다' 단계를 누구나 쉽게 실천할 수 있는 '3가지 동작'으로 바꾸어 소개한다. 누누이 강조하지만 '동작화'의 조건은 '누구나 행동으로 옮길 수 있을 만큼 간단한 표현'이다. 알고 보면 너무 단순한 동작들이라 허탈할 기분이 들지도 모르겠다. 자, 그 3가지 동작은 다음과 같다.

① 제스처를 취한다

② 보여 준다

③ 가리킨다

바로 이 3가지다. 이제 각 동작을 하나씩 살펴보자.

'전달한다'를 동작으로 바꾸는 가장 간단한 방법

첫 동작은 다음 '제스처'를 취하는 것이다. 자, 엄지, 검지,
중지로 다음 모양을 만들어 보라.

아마 이 제스처를 어디선가 본 적이 있을 것이다. 나는
이 제스처를 '플레밍 루틴(Fleming routine)'이라고 부른다.
혹시 과학 시간에 배운 '플레밍의 법칙(플레밍이 발견한 전

류와 자기장의 운동에 관한 법칙)'이 떠오르지 않는가? 뭐든 선뜻 생각나지 않는다면 이 손가락 제스처를 꼭 해 보라. 어렴풋하게나마 떠오를지도 모른다. 특히 왼손으로 이 포즈를 취하면 기억이 바로 되살아날지도 모른다.

여러분도 학창 시절 물리 시간에 왼손을 펼쳐 자그마한 목소리로 '힘, 자기장, 전류, 힘, 자기장, 전류…' 하고 중얼거린 적이 있을 것이다. 수업 시간에 여러 명이 동시에 이 제스처를 취하는 모습을 누가 보기라도 했다면 수상한 단체라고 수군댔을지도 모를 일이다. 그 흐릿한 기억을 머릿속에서 끄집어내 '전달한다' 단계에서 활용할 구체적인 동작으로 옮겨 보자. 왼손이든 오른손이든 상관없지만 3가지 포인트로 설명할 생각이라면 '플레밍 법칙'과 똑같은 손가락 제스처를 만들어 본다. 이 훈련을 충분히 반복한 뒤 실제로 설명을 할 때는 우선 상대방을 향해 이 제스처를 취해 보인 다음 반사적으로 다음과 같은 말이 나올 수 있도록 해야 한다.

"이 안건의 포인트는 3가지입니다."

"이 제안을 3가지 측면에서 설명하겠습니다."

"지금부터 이렇게 말씀드리는 이유 3가지를 설명하
겠습니다."

이처럼 '플레밍 루틴' 동작을 곁들이면 설명이 저절로
흐름을 탈 수 있다. 게다가 '손 제스처'라는, 구체적인 동작
으로 구현하면 반복 훈련하기도 쉽기 때문에 습관화하는
데도 유용하다.

일류 선수는 왜 정해진 동작을 반복할까?

이 제스처를 '플레밍 루틴'이라고 부르는 데는 이유가 있다. '루틴(스포츠 심리학 용어로, 운동 선수들이 최상의 기량을 발휘할 수 있는 상태를 만들기 위해 자신만의 고유한 동작을 실행하는 것)'이라는 말은 익히 들어 알고 있을 것이다. 우리는 스포츠 분야의 톱 플레이어가 경기에 임하기 전에, 항상 정해진 동작을 반복하는 모습을 종종 목격할 때가 있다. 야구 선수 이치로가 타석에 들어설 때 방망이를 쥔 오른팔은 투수 쪽으로 쭉 뻗고 왼손은 오른쪽 어깨를 잡는 동작이 대표적인 예다.

이들은 왜 특정 동작을 반복하는 걸까? 바로 자신의 실력과 기량을 최대한 발휘할 수 있도록 만반의 준비를 갖추기 위해서다. 최상의 실력을 안정적으로 발휘하기 위한 준비 동작이 바로 '루틴'이다.

여러분도 어떤 일을 앞두고 있을 때 의식적으로 반복하는 루틴이 있는가? 없다면 이 책에서 소개하는 동작을 그대로 업무 루틴으로 적용해 보라. 이 책을 '알아듣기 쉬운 설명법'을 체득하기 위한 '루틴 길잡이'라고 해도 좋다.

동작을 축적시켜야, 즉 '익힌(習)' 것을 '버릇(慣)'으로 만들어야 '습관(習慣)'으로 굳힐 수 있다. 습관은 사고방식을 바꾼다. '3가지로 설명한다'는 기본기를 구체적인 '동작' 없이 실천으로 옮겨보겠다는 시도는 실패로 끝날 가능성이 크다.

가령 컴퓨터에 새로운 기능을 설치할 때도 '클릭해서 저장한다'는 '동작'을 수행한다. 사람도 마찬가지다. 특정 동작을 반복하면서 머릿속에 각인시킨다. 그러려면 동작이 간단해야 한다.

동작이 너무 단순하면 의식하기 어렵다는 약점이 있다. 톱 선수들의 루틴은 하나같이 독특한 동작들이다. 단순한 동작은 의식할 수 있을 정도로만 변형하는 게 좋다. '플레밍 루틴'을 추천하는 것도 그래서다. 물론 개인마다 세 손가락으로 제스처를 취하는 스타일이 다를 수 있다.

이를테면 사람에 따라 검지, 중지, 약지 세 손가락으로 만드는 '쓰리 피스' 스타일, 또는 엄지와 검지로 동그라미

를 만들고 중지, 약지, 새끼손가락은 세우는 'OK 사인' 스타일 등이 더 편할 수도 있다.

'행동으로 옮기기 쉬워야 한다'는 원칙과 '특이함'을 조화시킨다면 취향과 효과에 따라 얼마든 변형하면 된다.

보여 주면 설명이 쉬워진다

'플레밍 루틴'은 특히 구두 커뮤니케이션에서 효과적인 동작이다. 컴퓨터, 태블릿, 스마트폰 등 디지털 기기가 일상화되면서 이른바 '페이퍼리스(Paperless, 종이 서류가 없는) 사무실'을 지향하는 문화도 일반화되고 있다. 그러다 보니

내 말은 왜 통하지 않을까

비즈니스 커뮤니케이션도 구두로 대체하는 경향이 점차 커지고 있는 게 현실이다.

기업 연수 때 만난 회사원들도 '예전에는 매일같이 서류를 만들어 내는 게 고역이었는데, 요 몇 년간은 종이 서류를 단 한 장도 작성하지 않는 날이 더 많다'고 입을 모아 말한다. 여러분의 직장은 어떤가?

사실 여러분이 설명을 못하는 건 콘텐츠의 문제가 아니라 '말로만' 하려는 탓이 크기 때문이다. 실제로도 '말로만 전달하려고 할 때' 의외로 설명을 더 못했던 경험이 많지 않은가?

나는 강연이나 워크숍 때 길 안내 테스트를 해 본다. 총 세 번에 걸쳐 진행하는데, 처음에는 강연장 근처 지하철역에서 강연 장소까지 오는 길을 설명해 보라고 한다. 그 다음에는 설명하는 사람에게 강연장 오는 길이 표시된 약도를 건네고 그걸 보면서 설명하게 한다. 이때 설명을 듣는 사람은 약도를 볼 수 없다. 그리고 마지막으로 설명을 하는 사람과 설명을 듣는 사람이 함께 약도를 보면서 설명해 보

'길 안내' 유형 3가지

 설명하는 사람 ⟷ 설명을 듣는 사람

1 말로만 설명한다.

우선 A역 정면 개찰구로
나와 앞의 신호등을 건넌 뒤
오른쪽으로. 그리고 아마
두 번째 길이었던 것 같은데….

2 설명하는 사람만 약도를 본다.

A역의 동쪽 개찰구를 나오면
앞에 있는 신호를 보고 길을
건넌 뒤 오른쪽으로 꺾으세요.
그러고 나서 세 번째 골목
에서 왼쪽으로 돌면….

3 두 사람 모두 약도를 본다.

(약도를 가리키며)
지금 있는 곳이 여기,
목적지는 여기니까
(손가락으로 가리키며)
이렇게 가면 됩니다!

고 들어 보라고 한다. 이 중에서 어떤 경우가 가장 설명하기 쉽고 이해하기도 쉬울까?

여러분의 예상대로 정답은 세 번째다. 처음 두 번과의 차이라면 약도를 '보여 주면서' 설명하는지 여부다. 작은 차이처럼 보이지만 보여 주는 동작이 있고 없고에 따라 설명을 이해하는 정도도 확연히 달라진다. 길 안내 테스트를 진행한 후 나는 참가자들에게 이렇게 강조한다. '알아듣기 쉽게 설명하려면 세 번째 방법을 활용하라'고 말이다.

종이 없는 사무실이 커뮤니케이션을 망친다

'플레밍 루틴'을 하면서 '포인트는 3가지입니다'라고 말할 때는 되도록 3가지가 일목요연하게 정리된 자료를 보여 주는 게 좋다. 이때 컴퓨터나 태블릿 단말기 화면보다는 종이를 활용한다. 그래야 듣는 사람의 뇌도 더 활발하게 작동해 이해력이 높아질 수 있다.

컴퓨터로 완벽하게 작업했다고 생각했는데 막상 출력

된 자료를 보니 의외로 실수가 적지 않게 눈에 띄었던 경험이 있을 것이다. 아날로그 방식인 종이와 달리 디지털 기기는 집중력과 이해력을 쉽게 떨어뜨리기 때문이다.

'종이 서류를 보여 주면서 설명한다.' 20년 전의 비즈니스 환경이라면 이런 조언을 유익하다고 생각하는 사람이 전혀 없을 테지만, '페이퍼리스'를 기반으로 한 디지털 환경이 맹목적으로 권장되고 있는 지금은 사정이 다르다. 오히려 매우 효과적인 처방이 될 수 있다. 이를 실제로 실천해 본 수강생들도 다들 참신하다는 반응이었다.

"보여 주면서 전달하는 커뮤니케이션이라니, 지금까지 진지하게 생각해 본 적이 없었어요."

"설마 설명을 못하는 이유가 이렇게 간단했으리라고는 꿈에도 몰랐네요."

"태블릿 단말기만 썼지, 종이 서류를 나눠 준 적은 지금껏 한 번도 없었습니다."

황당할 정도로 간단한 이 '보여 준다'는 동작은 현대 비즈니스 커뮤니케이션에서 부지불식간에 종적을 감추고 있는 멸종위기종이나 마찬가지다.

그렇다면 3가지 포인트를 설명할 때는 어떤 자료를 보여 주는 게 좋을까? 내가 샐러리맨이던 시절에 활용했던 자료 양식은 바로 다음의 '한 장×프레임×주제'라는 틀이다. (p.168 참고)

언뜻 봐도 이 자료의 핵심은 3가지라는 걸 알 수 있다. 프레임의 힘 덕분이다. 이렇게 프레임으로 나타내면 누구나 3가지 포인트를 한눈에 파악할 수 있다. 이 '3가지 프레임'이 적절히 배치된 자료를 회의 참석자들에게 나눠 준 후 '포인트는 3가지입니다'라고 운을 떼며 설명을 시작하면 '그래서 자네가 말하고 싶은 요점이 뭔가?', '항목이 대체 몇 개인 건가?' 하고 추궁당하는 일은 없을 것이다.

설명할 때는 '썰'만 풀지 말고 적당히 '보여 주라.' 단, 3가지 내용이 한눈에 들어올 수 있도록 보여 주는 게 핵심이다.

○○부장님, 웹사이트 관계부서 여러분께

20××년 4월 ×일
○○그룹

영어판 웹사이트 개편 방안에 대해

1. 개편 목적

요 점	상 세
① 근시안적으로 운영되고 있는 상황	================ ===========
② 영어판에 대한 평가가 불분명하다	================ ===========
③ 향후 해외 진출을 강화한다는 전사 방침	================ ==============

2. 개편 내용

요 점	상 세
1) 웹사이트 운영 목적의 명확화	================ =========
2) 콘텐츠 범위 축소	================ ===========
3) 신규 콘텐츠 제작·추가	================ ========

3. 향후 진행 방향

요 점	상 세
a) 기한: 내년 3월말까지 공개	================ ==============
b) 3사 공모( )로 제작사 결정	================ ==========
c) 두 가지 유형의 예산 상정	================ ============

168

설명을 잘하는 사람이라면 반드시 하는 '동작'

요약하면 이렇다. 설명할 내용을 '엑셀1'에 쓰면서 '3가지로 정리'하고, 이를 자료로 만들어 상대방에게 '보여 주며' 전달한다. 이때 세 손가락을 하나씩 펼치며(플레밍 루틴) '포인트는 3가지입니다'라고 말하고 설명을 시작한다. 설명할 때는 자료를 참고하며 그때그때 손가락 제스처를 바꾸어 '첫 번째', '두 번째', '세 번째'하고 순서를 확인시켜 준다.

그런데 이 순서 그대로 알아듣기 쉽게 설명을 했는데도 여전히 이해하지 못하는 사람이 있다면 어떻게 해야 할까? 마지막으로 이런 최후의 사태에 대비할 수 있도록 비법 동작을 전수한다. 거창한 '영업비밀'은 절대 아니다. 이 역시 단순한 동작에 지나지 않기 때문이다.

그 전에 잠깐 한 가지 사례를 참조하자. '어떻게 해야 설명을 잘할까'를 매일같이 고민하던 회사원 시절, 나는 설명을 잘하는 사람을 만날 때마다 일거수일투족을 자세히 관찰해 두는 버릇이 있었다. 공통된 행동이 무엇인지 찾고, 이를 그대로 실천해 보자는 게 목적이었다.

한번은 많은 사람이 모이는 임원 보고 회의에 오랜 시간 자리를 지키면서 다양한 사람들의 보고 스타일을 관찰할 기회가 있었다. 이 자리에서 나는 보고를 명확하게 잘하는 사람과 보고에 서투른 사람의 특징을 파악할 수 있었다. 보고에 능한 사람은 '어떤 동작'을 열심히 해 보이는 반면, 서투른 사람을 그 동작을 게을리하고 있었던 것이다. 대체 어떤 동작이었을까? 이 역시 여러분도 익히 알고 있는, 너무 간단한 동작이라 정답을 알면 허탈할지도 모르겠다. 그것은 바로 다음 동작이다.

손가락으로 가리켜 설명한다.

짧은 시간 내에 군더더기 없이 보고하는 사람은 대부분 준비해 온 자료의 해당 내용을 적시에 가리키며 '이 점에 대해 설명하겠습니다' 하고 동작을 해 보였다. 반면, 보고가 영 지지부진하고 본론이나 요점이 무엇인지 도무지 알

내 말은 왜 통하지 않을까

수 없게 설명하는 사람은 거의 예외 없이 '손가락 지시'를
게을리하고 있었던 것이다.

손가락 하나로 청중을 장악하는 '시선 매니지먼트'

'손가락으로 가리킨다'는, 터무니없을 정도로 간단한 동작
이 왜 이렇게 큰 차이를 만들어 내는 걸까? 바로 '시선 매
니지먼트' 때문이다.

가령 회의실에 아무것도 쓰여 있지 않은 화이트보드가
있다고 치자. 내가 설명 도중에 '자, 화이트보드를 봐 주십
시오'라고 말했다면 어떨까? 아마 여러분의 시선은 곧바로
화이트보드를 향할 것이다. 하지만 분명 5초도 채 지나지
않아 시선이 다른 데로 분산될 것이다. 시선과 의식이 연결
돼 있다 보니 시선이 도중에 흐트러지면서 집중력은 물론
이고 이해력도 덩달아 떨어지는 것이다.

이번에는 '엑셀1'(8 프레임)이 그려져 있는 화이트보드

에 앞에 내가 서 있고 프레임 중 하나를 손가락으로 가리키며 '자, 화이트보드를 봐 주십시오'라고 말했다면 어떨까?

똑같은 말이라도 결과는 크게 달라진다. 화이트보드를 손가락으로 가리키며 프레임의 위치에 따라 순서대로 지시하면 여러분의 시선도 화이트보드에 그려진 프레임 범위 안에 계속 머무를 것이다. 의식이 한곳에 집중되면서 이해력도 높아진다. 설명할 때 '손가락 지시'가 동반되는 경우와 아닌 경우 중 과연 어느 쪽이 상대방의 집중력과 이해도를 높여 주는지는 자명하다.

임원 보고 회의 사례로 돌아가 보자. 상대방은 대기업 임원이다. 방대한 양의 안건을 두고 분 단위의 일정을 소화해 가며 매일을 눈코 뜰 새 없이 바쁘게 보내는 사람이다. 하지만 아무리 업무 능력이 출중한 사람이라 하더라도 눈 앞에 놓인 보고 내용에 오랜 시간 100퍼센트 집중할 수는 없는 노릇이다. 전후 보고에 신경이 쓰이는 경우도 있을 테고 컨디션이 좋지 않을 수도 있을 것이다. 하필이면 여러분이 설명하는 차례에 상대방이 마침 그런 상황에 놓여 있다

면 아무리 알아듣기 쉽게 설명했다고 해도 의도한 대로 받아들여질지는 알 수 없다. 그럴 때일수록 '손가락으로 가리키면서' 주의를 집중시키는 동작이 수반되어야 상대방을 의식을 잡아 둘 수 있다.

화이트보드 사례에서 설명한 것처럼 시선은 손가락이 지시하는 곳을 향한다. 그러면 시선뿐만 아니라 의식과 마음도 손가락 끝이 지시하는 곳을 향하게 된다. 이런 방식으로 집중력을 높이면 설명을 단번에 이해시킬 수 있다.

이게 바로 '시선 매니지먼트'의 비밀이다. '손가락 지시'로 상대의 시선을 붙잡아 두고 집중력과 이해력을 조종

하는 것이다.

단, '손가락으로 가리키는' 동작에는 한 가지 중요한 전제가 있다. '손가락이 가리킨 곳에는 무언가가 있어야 한다'는 점이다. 말로만 설명하면 손가락 지시도 의미가 없다. 시선을 '자료'에 향하게 하면 집중력을 유도할 수 있다. 이때 자료는 보여 주면서 전달하기 위한 수단이자 손가락 지시로 시선을 집중시켜 설명을 단번에 이해시키는 수단이 된다.

'페이퍼리스'는 결코 '페이퍼 제로'를 의미하지 않는다. '보여 주며 전달한다'라는, 어찌 보면 원시적으로 느껴지는 이 단순한 전략은 사실 현대 비즈니스맨들이 겪고 있는 커뮤니케이션 손실이 초래한 '회귀 현상'일지도 모른다.

자료를 '보여 줄' 때는 반드시 '손가락으로 지시하며' 설명하라. 펜이든 지시봉이든 뭐라도 상관없다. 이 전략의 본질을 포착하고 직접 응용해 보는 게 중요하다. 이 두 동작을 조합한다면 상대방도 여러분의 설명에 귀를 기울일 것이다. 그리고 이제 청중 앞에서 이렇게 말하고 설명을 시작하기만 하면 된다.

"포인트는 3가지입니다."

　지금까지 '알아듣기 쉬운 설명법'을 단계별로 제시하고, 전 단계에 걸쳐 구체적인 동작으로 실천할 수 있도록 세부 전략을 소개했다. 이 책을 다 읽고 난 지금, 여러분은 '알아듣기 쉽게 설명하기'라는 목표에 도달하기 위한 출발점에 선 셈이다. 지식보다 실천을 강조해 온 입장인 만큼 여러분이 이 책을 읽고 나서 '알아듣기 쉬운 설명이었어요'라고 긍정적인 독서 후기를 전하신대도 마냥 기뻐하기는 어렵다. '이해했다'는 감상만 남는다면 이 책을 쓴 의미도 없다. 이번만큼은 '정보 습득'으로 그치는 독서가 아닌 '동작'으로 직접 실천해 보는 계기가 되길 바란다.

　여러분의 건승을 기원한다.

⋮

이 책을 집필하는 동안 염두에 둔 사람은 '3명'이다.

첫 번째는 '업무상 설명할 일이 있을 때마다 곤혹스러운 경험을 했던 사람'이다. 이 책을 읽고 난 뒤에 '그때는 왜 설명을 못했던 걸까', '설명 포인트가 뭐였지', '어떻게 하면 알아듣기 쉽게 설명할 수 있었을까'에 대한 의문이 조금이나마 해소됐는지 모르겠다. 같은 실수를 두 번 다시 되풀이하지 않기 위한 간단한 '동작'을 처방해 드렸으니 십분 활용하시길 바란다.

두 번째는 '경제경영 분야 저술가', '직무 기술을 가르치는 강사'다. 이 책에서 거듭 강조했듯 시중에 넘쳐나는 경제경영 도서나 직무 기술 향상 세미나는 추상적인 '동사' 위주의 설명으로 일관하거나 '4가지 이상'의 과잉 정보를 떠넘기는 데만 급급하다.

경제경영 서적을 읽거나 관련 기술 습득을 즐겼던 나는 직장인이 된 후에도 매년 연봉의 10퍼센트 이상을 스스로에게 투자했다. 개중에 탁월한 식견을 보여 주는 책이나 세미나가 없었던 건 아니지만 대부분은 돈과 시간을 낭비했다는 생각이 절로 들게 할 만큼 실망스러웠다.

'좋은 성과를 내고 싶다면 주의 깊게 관찰하고 꼼꼼하게 판단하자(어떻게 하면 주의 깊게 관찰하고 꼼꼼하게 판단할 수 있는지는 불분명함)', '이 50가지 테크닉으로 범에게 날개를 달아 주자(50가지를 누가 빠짐없이 기억할 수 있단 말인가)', '이 법칙을 습관화해 업무에 적용하면 누구나 야근을 줄일 수 있다(어떻게 하면 습관화할 수 있는지는 언급하지 않음)' 등등….

사실 짜증이 치밀 때도 여러 번 있었다. 가르치는 사람이나 배우는 사람이나 '동사' 수준을 벗어나지 못하다 보니 결국 정보량이 넘쳐 나는 '과잉' 커뮤니케이션으로 이어지는 것도 당연했다. 어떻게 구체적인 실천으로 옮기란 말인지' 답답하기도 했고 과연 업무에 유익할지 의구심이 들기도 했다.

그래서 이 책을 통해 교육자들에게 묻고 싶었다.

'동사'로 얼버무리는 경우는 없는가, 안일하게 과잉 정보를 전달하고 있지는 않은가, '모두 집대성했다'며 자기만족에 취해 있지는 않은가, 하고 말이다. 부디 이 책이 가르치는 위치에 있는 사람들에게 교육 콘텐츠를 재검토해 보는 기회를 제공할 수 있기를 기대한다.

마지막으로 내 가족, 특히 이 책을 집필하던 시기에 태어난 '아들들'이다. 사실 아들은 하나지만 '아들들'이라고 표현한 건 편집자 역시 본서 작업에 매진하던 시기에 아들을 출산했기 때문이다. 둘 다 '아버지가 되어 처음 세상에 내놓은 책'인 셈이다. 요즘 같은 저출산 시대에 기적 같은 우연이자 인연이 아닐까 싶다.

'아버지'라는 새로운 역할에 가슴 벅차던 무렵, 나는 '3가지 염원'을 품게 되었다.

첫 번째는 '내 아이에게 부끄럽지 않은 책을 내자'는 것이다.

물론 첫 책을 낼 때부터 지금까지 그 마음은 변함이 없지만, 추상적인 '세상'을 염두에 둘 때와 곁에서 호흡하는 구체적인 생명인 '아이'를 염두에 둘 때 체감하는 현장감은 다를 수밖에 없다. 그래서인지 질타와 격려의 소리처럼 들렸던 아이의 울음소리를 집필의 원동력으로 삼을 수 있었다.

두 번째는 '아이에게 유익한 책을 내자'는 것이다.

20년 후 아이가 사회인이 될 그날이 아직은 요원하지만, 그때는 세상이 어떻게 바뀌어 있을지 지금은 알 수 없다. 다만 한 가지 분명한 건 인간이 언어로 커뮤니케이션을 계속하는 한, 20년 후든 50년 후든 '알아듣기 쉽게 설명하는' 힘은 꾸준히 요구될 것이라는 점이다. 우리 아이들이 사회에 진출해 타인과 커뮤니케이션할 때 부딪히는 문제를 돌파하는 데 이 책이 도움이 되길 바라는 마음이다.

세 번째는 '아이가 사회인이 되기 전에 제대로 된 비즈니스 환경을 만들어 두고 싶다'라는 바람이다. 아니, 오히려 위기감이라고 말하는 편이 나을지도 모르겠다.

이 책의 메시지가 지식에만 머무르지 않고 실천으로 이어지는 환경이 조성된다면, 적어도 직장 내에서 커뮤니케이션으로 고민하는 사람들은 줄어들 것이다.

다만 이를 실현시키는 일은 혼자서는 해낼 수 없다. 그래서 책이라는 형태를 빌려 되도록 많은 사람들에게 메시지를 전하고 힘을 모으게 하려는 것이다. 여러분도 이 메시지에 공감한다면 '안다'는 데 만족하지 말고 '오늘부터 당장 실행하는 사람'이 되길 바란다. 묵묵히 실천하는 여러분의 모습이 주변 사람들에게 긍정적인 자극이 된다면 이 책도 저절로 입소문을 타게 될 것이다. 그리고 이 책의 내용을 실천하는 사람이 한 명이라도 더 생긴다면 세 번째 염원도 비로소 실현될 것이다.

마지막으로 이 책은 많은 분들의 지지와 도움으로 독자의 손에 전달될 수 있었다. 출판사뿐 아니라 제작·유통·판매 등 각 분야에서 애쓰시는 분들과, 무엇보다 이 책을 세상에 내놓는 데 넉넉한 시간을 할애할 수 있게 배려해 준 가족에게 깊은 감사를 전한다.

2017년 3월
아사다 스구루

알아듣기 쉬운
설명을 위한
'엑셀 1'
워크시트

날짜:
주제:

'엑셀1' 워크 시트

날짜:
주제:

날짜:
주제:

'엑셀1' 워크 시트

날짜:
주제:

날짜:
주제:

'엑셀1' 워크 시트

날짜:
주제:

날짜:
주제:

내 말은 왜
통하지 않을까

상대를 움직이는 힘 있는 설명의 기술

초판 인쇄 | 2017년 11월 30일
초판 발행 | 2017년 12월 4일

지은이 | 아사다 스구루
옮긴이 | 정혜주
발행인 | 김태웅
편집장 | 강석기
기획편집 | 박소현, 김혜정
디자인 | 방혜자, 이미영, 김효정, 서진희
마케팅 총괄 | 나재승
마케팅 | 서재욱, 김귀찬, 이종민, 오승수, 조경현
온라인 마케팅 | 김철영, 양운모
제 작 | 현대순
총 무 | 한경숙, 안서현, 최여진, 강아담
관 리 | 김훈희, 이국희, 김승훈, 이규재

발행처 | (주)동양북스
등 록 | 제 2014-000055호(2014년 2월 7일)
주 소 | 서울시 마포구 동교로22길 12 (04030)
전 화 | (02)337-1737
팩 스 | (02)334-6624

http://www.dongyangbooks.com

ISBN 979-11-5768-308-6 03320